Change Your Life

改变人生

[加] 洪天国 —— 著

重庆出版集团 重庆出版社

图书在版编目（CIP）数据

改变人生 ／（加）洪天国著. -- 重庆 ： 重庆出版社，
2024. 8. -- ISBN 978-7-229-18951-8
  I. F713.3
中国国家版本馆CIP数据核字第2024GW7203号

改变人生
GAIBIAN RENSHENG
[加] 洪天国　著

出　　品：华章同人
出版监制：徐宪江　连　果
责任编辑：朱　姝
特约编辑：陈　汐
营销编辑：史青苗　刘晓艳　冯思佳
责任校对：王晓芹
责任印制：梁善池
封面设计：L&C Studio

重庆出版集团
重庆出版社　出版
（重庆市南岸区南滨路162号1幢）
北京博海升彩色印刷有限公司　印刷
重庆出版集团图书发行有限公司　发行
邮购电话：010-85869375
全国新华书店经销

开本：880mm×1230mm　1/32　印张：8.625　字数：156千
2024年8月第1版　2024年8月第1次印刷
定价：58.00元

如有印装质量问题，请致电023-61520678

版权所有，侵权必究

因为选择这个职业，我的人生发生了重大改变；
而我的职业行为，也改变了成百上千人的人生；
并将改变他们子孙后代的人生。

目录
CONTENTS

推荐序 /001
  像文学作品一样优美的销售圣经

第1章　上天的启示 /001
  生死一瞬间。人在生龙活虎时可以战天斗地,可又有谁能预知死神何时降临?我们的身体极其脆弱,脆到一碰即碎,而即将踏入鬼门关的刹那,却又能奇迹般地推开死神。这是上天给我的启示。

第2章　保单接踵而至 /019
  只要你心中充满阳光,感恩每一天的降临,对你遇到的每个人热情地打招呼,主动问好,你就有成功的机会。

第3章　新人销售冠军 /037
  一年前,我是餐厅厨房里的帮厨,而今天晚上,我已经是加拿大最大的人寿保险公司的顶尖销售高手。人生如戏,变化如此之大、时间如此之短,实在令人感叹!

第 4 章　百万大单背后 /059

这张年缴费 2.8 万加元的保单，成了分公司当年最大一张单。我不仅获得了分公司乃至安大略省的最大单奖，还进入全公司老兵队的销售领军人物名单，并且成为麦考利俱乐部成员，之后连续八年我都获此殊荣，直到取消该俱乐部为止。

第 5 章　矛盾中破局 /081

保险投资行业注重的是人与人之间的相互信任关系。专业可能会过时，资本也可能贬值，但人与人之间的联结是可以一直延续下去的，而诚信与专业则是黏合剂。

第 6 章　开放式讲座 /098

从他身上我看到了自己的弱点：我的状态过于紧绷，貌似努力高效，实则缺乏节奏；每天东奔西跑，疲惫不堪，却少有成交。于是我开始思考，能不能同时和十几人甚至二三十人见面呢？

第 7 章　不同选择　不同命运 /120

天妒英才？人生无常？我简直无法相信这是真的！我惊愕得半天说不出话来，只能靠着沙发无力地闭上双眼，他那年轻充满活力的样子一直在我脑海中盘旋，久久不能散去。

第 8 章　流不尽的瀑布 /142

我们从事艰辛劳累的人寿保险销售工作,就是要成为在大瀑布激流前翱翔的海鸥,成为高尔基热情歌颂的海燕。这就是我们保险从业人员的伟大精神。有了这样的信仰和精神,我们就一定能在保险行业中永远向前!

第 9 章　适合的就是最好的 /159

植根于我心中的这种责任感,让我很快从保单得而复失的懊丧情绪中走了出来,但我的心结还是没有打开:那位客户为什么会有三次截然不同的表现——接受,修改,拒绝?

第 10 章　服务高净值客户 /178

我把终身分红人寿保险作为一种毫无风险、稳定回报的投资产品来销售,突破了人寿保险仅仅作为保障性产品的局限性,从而大大拓展了客户群,也大幅度增加了每张保单的额度。

第 11 章　实现财务自救 /196

理财风险就像压在普通民众头上的一座大山,其结果是,许多人辛苦劳动半辈子也积攒不了足够维持退休后体面生活的钱。在这样的背景下,我决定与几位高净值客户一起,实现财务自救。

第 12 章　投资与保险的融合 /212

我不仅是一个保险经纪人，还是一个通过房屋信贷业务帮助保险客户赚取稳定收益、为需要的客户提供创业资金、帮助他们致富的投资人。我将投资与保险进行有机结合，拓展了一大批优质的保险客户。

第 13 章　助力财富传承 /224

这是我从事保险行业近 30 年里最引以为傲的一次申请经历，我成功挑战了传统标准，让原本无法获批的保单最终获批，帮助客户实现了他传承家族财富的心愿。

第 14 章　改变人生 /237

一个人如果没有被动收入，便终生没有财务自由；如果没有足够的被动收入，便终生没有彻底的财务自由。即使有再好的社会福利制度，你的财务自由也必须由你自己去争取。

第 15 章　服务永无止境 /252

我退休后谁来服务我的客户？人寿保险是长期的，甚至是几代人的事情，只要人类在不断延续，保单就永远不会间断。所以，"签不完的保单"背后还有更重要的一句：无休止的客服。

推荐序
PREFACE

像文学作品一样优美的销售圣经

叶云燕

中国平安人寿高峰会全国总会长
福布斯·RFP 中国保险精英
福建省青少年发展基金会理事长

11 年前的今天，在加拿大多伦多举办的 2013 慈善晚宴上，荣升为 MDRT 中国区主席的我，作为中国保险业销售领军人物，受邀为加拿大华人金融专业人士做了一场慈善演讲，为当地的儿童医院，以及在汶川地震中遭受伤害的孩子筹集到了 5 万加元的善款。那是一场如今回想起来都心潮澎湃的活动。也正是在那一天，我有幸结识了洪先生。

当时的洪先生，已经在加拿大华人金融圈里功成名就，当属人尽皆知的风云人物，但面对我这样的晚辈，洪先生丝毫没有高高在上的姿态，反而低调谦逊、虚怀若谷，让人如沐春风。

交谈后得知，我们竟是福建老乡，熟悉的乡音让我们的距离瞬间近了很多。回看洪先生的过往经历，才不由得感叹，他的儒雅风度是由内而外浑然天成的。

洪先生是共和国同龄人，1965年考入南开大学，毕业后进入辽宁日报社，1978年考入中国社会科学院研究生院，成为第一届新闻系研究生，他所在那一届被称为"中国新闻界黄埔一期"。毕业后，洪先生进入人民日报社，成为一名记者，凭借先前在辽宁日报社打下的扎实基础，洪先生很快崭露头角，陆续发表了多篇影响力巨大的文章，名噪一时。

1994年，也就是洪先生随家人移居加拿大的第6年，被一则报纸广告吸引，洪先生投身保险行业，成为泱泱保险大军中的一员。彼时，在太平洋对岸一万千米外的中国福建宁德，一座小小的沿海城市里，有一个平凡的小女孩正在一所普通的师范院校读书。若以原本的路径发展，她大概率会成为一名温柔耐心的小学教师，陪伴一茬又一茬的孩子长大。但命运的齿轮就在此时开始转动，他们的人生际遇在数年后发生了奇妙的交会，当时的小女孩无论如何也想不到，在不久的将来她也会加入这个充满激情的行业，并因此彻底改变了自己的人生。

所以，当看到洪先生这本书稿的名字《改变人生》时，我不禁再次惊叹于职业保险人的高度默契。于我们而言，这不仅是一份职业，更是我们坚定选择的人生，它改变了我们对生命意义的认知，也改变了数万个家庭的命运走向，让他们在苦难时得以自救，在兴旺中得以存续。

洪先生的文字行云流水，像文学作品般娓娓道来，又有着波澜壮阔的豪迈。天上的白云飞鸟、山间的清泉瀑布、都市的斑斓霓虹，像优美的空镜，每一帧画面都有情绪，或喜悦、或忧伤，顺着字里行间的缝隙飘散出来，我们嗅到了、触到了，便跟着洪先生的故事与他悲喜与共了。

难得的是，在如此诗意的讲述中，一个顶级专业保险经纪人的成功秘籍又被洪先生分享得如此真诚且毫无保留，让我们可以清晰地看到他的冷静、睿智和坚韧。在异国他乡，在完全陌生的职业赛道上，怎样从无到有、从零到一签下第一张保单？怎样从茫茫人海中找到自己的第一位客户？怎样在现有资源即将枯竭时从矛盾中破局？怎样突破圈层拓展新客户、打开新世界？怎样让自己成为别人需要的人？怎样在永续服务中实现自己的终身价值……洪先生用一个个生动的案例给了我们启发和思考，也为我们指引了方向。

尤为感动的是，洪先生在退休后仍然选择成立自己的客户服务中心，而他的初衷就是：我退休后谁来服务我的客户？同样是以"客户至上"为终生职业理念的经纪人，我深深懂得他的忧虑。我们坚定地热爱着这个行业，我们有责任和使命去帮助更多的人，为他们提供更长久的服务，我们希望这种服务是永无止境的。

阅读洪先生这本书，好似又跟随记忆将过往的30年回放了一遍：20世纪90年代，商业保险刚刚在中国启蒙，平安还只是一家小型财产险公司；千禧年初，中国保险市场爆发式增长，以低成本刮起一场疯狂的"圈地运动"，改变了寿险业的格局，也真正开始与国际接轨；十年前，整个保险行业完全陷入"人海战术"；如今，经过充分竞争和洗涤后的市场也日趋成熟稳定。而无论时代如何变迁、信息如何更迭，我始终坚信，决定成功的因素是保险经纪人的专业、诚信和品质，而非产品本身。

就像洪先生在这本书中所说：产品可能会过时，资本也可能贬值，但人与人之间的联结是可以一直延续下去的，而诚信与专业则是黏合剂。

承蒙洪先生抬爱，有幸为本书作序，兴奋之余也有些惶恐，无论是年纪还是资历，洪先生都是长辈。11年前与洪先生的短暂交流已令我获益匪浅，如今于文字中再续前缘，不胜荣幸。盼不日再聚，与君共勉。

是为序。

2024年6月16日 于厦门

> 生死一瞬间。人在生龙活虎时可以战天斗地,可又有谁能预知死神何时降临?我们的身体极其脆弱,脆弱到一碰即碎,而即将踏入鬼门关的刹那,却又能奇迹般地推开死神。这是上天给我的启示。

第1章
上天的启示

　　紧了一夜的北风消停了,狂欢的雪花也安静下来。高处干枯的树枝与屋檐下冷峻的冰凌斜目对视着。往日常常在眼皮子底下穿梭的小松鼠,此刻也没有出现,大概还龟缩在某个角落或树洞里窥视着外部世界的动静。

　　苍天累了,大地累了。多么安静的冬日早晨。

　　我也累了。家里十分安静。太太上班去了,女儿也上学去了。

　　周围的世界给了我最安静的时刻。此时我需要安静,需要歇息。

　　冬日的阳光透过客厅的落地窗直射到我的身上。我胡乱地吃过两片烤面包,喝了一杯即冲咖啡,便懒洋洋地斜靠在客厅沙发上。

我眯着双眼,抬头让自己全身上下都能舒舒服服地洗个日光浴。

好舒服啊,我心中自语。

整整 6 年,别说是寒冷的冬天,即便是烈日盛夏,我也未曾有过这样的奢侈享受。往常,我每天早上 7 点起床,匆匆忙忙地洗漱后便要出门。晨光与我无缘,只有月亮伴我同行。

我不想再过这样的日子了。体力日渐不支,精神也越发空虚。

1988 年秋天,我从北京来到加拿大,与正在攻读博士学位的妻子团聚。从那以后,我便意识到,文学已经与我无缘,政治也淡出了我的视野,我只能做一件事,就是千千万万普通人每天都在做的事:打工赚钱,养活自己和女儿。太太有工作,收入也稳定,但是我必须自立。

从人民日报社特派记者、报告文学作家到加拿大多伦多餐厅的打工仔,6 年的生活中有落差也有适应的过程,有许多生活体验和人生感悟,我想把它们都写出来。记得在 1990

年前后，我的中篇纪实文学《北美漂流》在《十月》期刊上发表了，那算是一次不吐不快的尝试。我也曾想过要多留点文字，至今也还保留了一箱日记，然而始终未能如愿，因为生计第一。我不想再做打工仔，但我不能不去挣钱。

百无聊赖间，我顺手抓起丢在沙发上的一份过期的当地中文报纸。胡乱翻阅中，一则广告吸引了我的眼球。

"无须现金投资，全靠聪明才智，只要你肯勤奋工作，耐心做事，并真心诚意对待客户，我们能保证你年收入在4万加元以上。这是一项具有挑战性但有无限发展前途的事业。"要知道，当时即便是博士毕业生，刚参加工作时薪资也就是这样的水平，而我起早贪黑打工每年也就能挣2万加元左右。4万加元的年收入实在是太诱人了！

我从小就边干农活边读书，当记者时也是没日没夜地采访、写作，打工时更是过着不见天日的生活。勤奋，我是绝对做得到的；至于真心诚意，我自认为从来都是真心待人，不欺不诈，这一点也没问题。

于是就急忙往下细看，原来是一则招聘人寿保险推销员的广告。我一下子像泄了气的皮球，又懒洋洋地斜倚着沙发眯上了双眼。

没有风声，没有人语，没有车啸。多么安静的世界！多么美好的生活！但是我不可能永远生活在这种安静中，我需要返回嘈杂忙乱的世界里挣钱。此刻的安宁只不过是6年以来万般辛苦后的短暂歇息。

朦胧中我仿佛得到什么启示似的。推销人寿保险自然是万分艰辛的工作，所谓的年收入4万加元也不过是天上的馅饼，还不知道会不会掉下来呢，但是我已经无路可走，打工仔的日子绝不能再继续下去了。

我也曾试着送了一份简历给当地的华文报社。社长看完我的简历后，对我当年在中国社会科学院研究生院新闻系任教时带的一个研究生的大学同学说："你的老师出版过《现代新闻写作技巧》《天平发生倾斜》《风云功过录》等著作，又在北京当过研究生导师，我请他来做什么工作呢？"弦外之音是庙小搁不下大佛。

上帝为你关上一扇门，就会为你打开一扇窗。而我的大门和窗户都紧闭着，捅破天花板飞上天也是不可能的，那只有先挖个坑钻进去再说。我开始顿悟，首先想到：推销人寿保险需要先考证书，考证书的课程都是英文的，这就逼着我必须静下心来学英文。要在加拿大长期生活下去，语言是必需的。我何不权当是去上英语课？考了证书后英语也就有了基础，即使干不成人寿保险销售员，也可以去尝试别的机遇。

等太太下班后,我对她说了我的想法。她不置可否,既不反对也没有明确地表现出支持的态度。我知道她心里的小九九:这个曾在北京风光无限的大记者,到了加拿大,既无专业知识也无一技之长,英文基础又差,何况已是奔五的年纪,反正是没什么指望的,他爱干什么就干什么吧,死马当作活马医。

第二天一早,我这匹"死马",便敲开了位于多伦多万锦市加拿大永明保险公司一家分行的大门,从此开始了我的人寿保险推销员生涯,长达28年之久。

坐在我面前的是一位来自中国香港的中年男子,梳着光亮整洁的发型,戴着一副考究的眼镜,西装革履,文质彬彬。我一下子仿佛又回到6年前的北京。我当年在报社当记者也是这等模样啊!那天我也穿着从中国带来的西装,打着领带。压箱底6年的西装,初翻出来还能闻到少许霉味。与我面前的这位销售经理相比,我自觉逊色多了。他身上淡淡的香水味,弥漫在小会议室里,融化了我身上没有完全消失的油烟味。他是那样自信、得意,而我只能茫然地听他讲述我完全陌生的人寿保险。他满脸微笑,自我介绍说:"我是托尼(Tony),欢迎你加入我们的保险销售团队。"他当场给我做了一个智商与性格一类的测试，我已经忘了有哪些问题了。做完测试，托尼高兴地对我说："蒂姆（Tim，我的英文名字），你很适合做人寿保险经纪这个行业。"适合不适合？鬼知道！先把我哄进去再说，反正他们也不付我薪水。

说完他迫不及待地把我带进公司一间最大的办公室，足足有50平方米。

"迪特尔（Dieter），这是蒂姆，我们未来的新兵。"托尼把我介绍给公司的老板。

迪特尔是一个身材瘦小却精明强干的加拿大人。后来我了解到，他的爷爷从德国移民来到加拿大，他的父亲是这家保险公司分行的创始人，迪特尔是子承父业。

迪特尔从大办公桌后站起身，微笑着与我握手："欢迎加盟，蒂姆。"然后他转身指着托尼对我说："他是一位很厉害的销售经理，是MDRT（全球百万圆桌会议）成员，是我特意花重金从香港请过来的。你要好好跟着托尼学，一定会成功的！"后来我才知道，MDRT是全球人寿保险行业的最高荣誉职称。

走出迪特尔的办公室，托尼又带我拜访了几位销售人员。他们大都四五十岁，个个西装革履，精神焕发，也十分友善。前台的女秘书也端庄优雅。此刻我的内心突然升起一股喜悦之情,我面对的人寿保险公司销售人员、老板、秘书,并不是我想象中走街串巷、大声吆喝的那种人,而是大银行、大证券公司的高级经理与工作人员的模样。推销人寿保险也能这样?如此说来,我要是能干好,不就能像当年在北京做记者时那么体面了吗?不就能西装革履地坐在夏有空调、冬有暖气的高楼大厦里,从此告别烟熏火燎的厨房了吗?

带着疑惑、不安与希望,我开始每天早早地来到公司,专心攻读保险类专业书籍,好像回到当年的校园。也不时参加一些培训和讲座。

什么是人寿保险计划?我第一次接触这个洋玩意儿,还真是云里雾里的。我1988年离开中国时,国内第一家人寿保险公司中国平安刚刚诞生于深圳蛇口。看书过程中我明白了它的基本原理:客户购买一份人寿保险单,并按月或按年准时缴纳一定的费用(也称保险费)。如果客户不幸因病或意外死亡,或年老故去,保险公司将向客户指定为受益人的亲人、朋友或慈善机构,甚至债权人支付保单中指定的保险金额。政府的税务政策规定,这种赔偿金是不必缴税的。和买彩票中奖一样,受益人可以选择一次性接受全部保险额度或是分期接受(年金)。但与买彩票截然不同的是,这是一种最终可以成倍数收回的投资,不会只买不中。我想,这种金融产品还不错，永远不会亏本，早去世有赔付，长寿也能有合理的回报。推销这种只赚不亏的金融产品应该不会太困难。

加拿大永明人寿保险公司（Sun Life Financial）成立于1865年，是加拿大三大人寿保险公司之一，比加拿大正式建国的1867年还早两年。它的创始人是马太尔·哈密尔顿·古尔特（Mathew Hamilton Gault），爱尔兰裔加拿大金融家与政治家。

1871年，公司推出第一份保险额度为一万加元的人寿保险单，并于1892进军开拓中国及整个亚洲市场。当时的总裁T.B.麦考利（T.B.Macaulay）对派往亚洲的永明保险公司亚洲机构主管和使者艾拉·B.泰勒（Ira B.Thayer）说过一句话："We don't know if there's a market for insurance in Japan and China,but we'd like you to find out."（我们不知道日本与中国是否有保险市场，但我们希望你去了解一下。）足见这家加拿大保险公司对中国、日本乃至整个亚洲金融保险市场的远见卓识。这家公司也因此十分重视加拿大华人市场——我后来的成功与此是分不开的。

LLQP全名Life License Qualification Program，是加拿大安大略省的人寿保险资格证书。只有通过考试拿到这个资格证书，才能成为合格的保险经纪人。考试分4个模块：职业行为准则及相关实践；人寿保险；医疗伤残意外保险；保本基金与年金。另外一个部分是税务知识，分散到不同模块中进行。即便是加拿大本地人，想要考取这个证书也非易事。

这简直是一套天书！当这套英文教材摆在我面前时，我顿时头晕腿软，心怦怦直跳。汗水甚至浸湿了我的西装。我当时已经48岁了，如何啃下两册厚厚的英文天书？

我随意地翻开一页，细细辨认每一个单词，有一大半是我不认识的。每一句、每一段的含义，更是不知何意。

我呆呆地在我的小桌子前坐了大约半小时，随后无力地站起来，拿着书，悄无声息地离开了办公室。

我还会回来吗？只有天知道。

此时我又一次站在人生的十字路口。

48年间，我已经记不清曾经有多少次站在人生的十字路口。

我出生在福建闽南农村一个贫苦农家。这是上天的安排，我没有选择权。

我人生的第一次选择是干农活或是上学堂。当时我选择了上学堂，但我早晚、周末和假期都必须干农活，这是我一生务农的父亲答应母亲安排我去村里小学读书的前提条件。从 8 岁起，我就每天早晨背书包上学，下午 4 点钟后帮家里干各种家务活和农活，周末与寒暑假几乎从早到晚都得干活：到林子里收集掉在地上的树叶当柴火，在村子各处捡动物的粪便作为肥料，除此之外还有各种干不完的农活。平均每天上学和劳动的时间长达 12 小时。

我人生的第二次选择是 1970 年从南开大学毕业后分配到东北农村中学教书时。是甘于那个荒诞时代对我的摆布，还是想办法离开那里去创造属于我的广阔天地？后来的几年，通过手中的一支笔，我从农村中学到县教育局，再到省报编辑部，直到 1978 年，我顺利考入中国社会科学院研究生院，成了第一届新闻系研究生，之后进入人民日报社成为特派记者，一路披荆斩棘，彻底改变了自己的命运。

从中国到加拿大探亲后，是留下还是回国？我选择了留下，却不知是福还是祸，只是因为当时不知道回国能做什么。说是选择，其实是别无选择。这是一次被动的、悲哀的选择。就算是我人生的第三次选择吧。

留在加拿大后，我所面临的是选择干什么、能干什么。我最初的选择是在餐厅打工，这种苦日子一干就是 6 年，因为在这个陌生的国度里，我不懂英文，又没有一技之长，还谈什么选择？其实就是没有选择的选择。

这一次我又面临人生中的一次选择——第四次选择。

这是一次重生的选择。即使我已经48岁，也必须让自己倒退回40年前。我今年8岁，开始在加拿大上小学，区别是这次用英文而不是中文。

记得在上小学一年级的时候，我们的语文老师会先教生字，再把几个字串成一个词，接着把一些词汇成一句话。等我们懂得这些，就可以写出小的段落，接着老师再让我们一遍遍地读。慢慢地，我们就会阅读短文了，反复读几遍，意思也就懂了。

既然我现在只是一个8岁的孩子，那何不重来一次？于是我翻开LLQP教材的第一页，逐字逐句逐行地看下去，每遇到一个不认识的英文单词，就翻开中英对照字典，查出这个单词的意思，然后再去理解一整句的意思，接着再弄明白一整段的含义。

第一天，我只读懂了两页。

一个星期后我每天能读完四五页了，然后逐渐提高到日读七八页，两个月后我终于读完了全书。这时整本英文教材已经成了双语书籍，我在每行英文字旁边都注满了中文。然而当我掩卷回想,却依然对全书内容非常陌生。我又花了一个月的时间,把全书仔细读了两遍。

初春的一天,怀着忐忑不安的心情,我走进了考场。我没能在规定的时间里完成全部试题,但幸运的是,我的成绩达到了合格的标准,并且获得了从业资格证书。

"恭喜你,蒂姆。"经理托尼与老板迪特尔都跑到我的办公桌前祝贺。迪特尔惊喜地望着我,心中满是疑惑:这种英语水平、这样年龄的家伙,居然能一次就通过考试?公司里的保险经纪人中,考两三次才通过的有好几个人呢,且都是以英语为母语的土生土长的加拿大人,大都有大专以上学历。记得有个专业词语,我好久也不明白是什么意思,托尼也说不清楚,于是我去请教迪特尔。他花了十几分钟,很耐心地讲解,我才大致明白。我感觉到他对我的英语水平和专业水平有些失望。但看到我如此认真刻苦,迪特尔竟然破天荒的放下手头的工作,为我重点讲解教材的主要内容和重点概念,这花了他两个多小时!要知道,德国人向来视时间如生命,而且从来没有老板给新人讲考试教材的。当时的我感动得想流泪。

"迪特尔,这是我读过的教材。"我把已经变成中英双语的英语教材递给迪特尔看。他一边翻阅一边惊讶地看我。他可能会想，只有中国人才干得出这样的事情，也终于明白为什么我能一次考过了。

"这家伙肯定行。你好好带他！"转过身的迪特尔对托尼说，口气十分坚定。

我没有像迪特尔与托尼那般兴奋。只开心了一会儿，我的心情就又变得沉甸甸的。西装革履的外表下，我囊中羞涩。干保险经纪这行是没有底薪的，只能靠自己做成保单后提取佣金，我整天读书考执照，已经整整三个月没有挣一分钱了，打工时攒下的几千加元，除了给车加油、买杯咖啡，什么都不敢买。口袋里已经所剩无几，我必须马上出去跑单。

用完自带的午餐后，我到办公室顶楼的阳台上抽了支烟。狠狠地吸了一口，然后慢慢地呼出。透过薄薄的烟雾，我望着楼下不远处的401公路，那是加拿大著名的、最为繁忙的高速公路，成百上千辆汽车东西双向飞驰而过。

"多伦多300多万男女老少，谁会是我的第一个客户呢？"我在心中自问。

1978年，当我考取中国社会科学院研究生院新闻系时，望着偌大的北京城里的万家灯火，我也曾经发出疑问：哪一扇窗户的灯光是为我而亮的？4年后，我和家人住进了人民日报社职工公寓的一套朝南的两室一厅单元房里。那是我一生中的第一个家。

这一次,我不能再苦等4年,一星期、一天也不能等。

我到加拿大第一个落脚点是安大略省的一个中等城市伦敦(不是英国的伦敦)。因为加拿大最初的移民大多来自英国,因此许多地名都与英国的城市同名,除了伦敦,还有剑桥、滑铁卢、汉密尔顿等。当时我太太在伦敦的西安大略大学攻读博士研究生,我因此认识了在那个城市读书工作的几户来自大陆的留学生移民家庭。打了几通电话后,仅有一个家庭愿意听我讲保险。

多伦多距离伦敦大约200千米,沿着401高速公路行驶需要两个小时。由于我还不知道如何向客户演示人寿保险销售,便由经理托尼带我一起去。第一次约见,面谈了两个小时,朋友说考虑一下。隔了几天约见第二次,朋友同意签了一张单,并当场缴了一年的保费。

下午4点多钟,我们高高兴兴地回到多伦多的办公室,准备把客户签的申请表交给前台秘书处理。我刚迈进办公大楼,还没有按电梯的按钮,手机响了。"洪先生,我们改变主意了,不买这份保险了,请你把支票退回给我们。"是刚刚签单那个朋友的太太来电。我一下子就呆住了,木桩似的立在电梯口旁,十几分钟后,才乘电梯上楼回到了办公室。

"托尼,客户刚刚来电话要求退回支票,他们放弃这个申请。"我懊丧地说。

"先不寄支票,"托尼平静地对我说,"我们改天再去一趟伦敦,亲手把支票送到客户手中。"

为了送回一张退保支票,再来回开四个多小时的车?我心中疑惑,却没有反对。

第三次,我们再访伦敦市。

托尼利用送支票的机会,再次耐心地与客户沟通,希望客户能珍惜原先的正确决定,然而回天无力,客户还是坚持取回支票。

由于那天上午公司培训,下午又有会议,托尼和我是下午1点多钟才出发去伦敦的。等到离开客户家时,已经是晚上6点30分。那是一个极度寒冷的冬日,我们刚钻进车里时还冻得全身发抖,过了好一会儿才缓过劲来。我的心情糟透了,几乎忘了外面恶劣的天气。倒是一向冷静的托尼显得有些无所谓,只是一言不发。这种事他经历多了。

对驾驶者来说,寒冷并不可怕,因为车内温暖如春,即使外面有风雪也可以缓慢行驶。可怕的是高速公路的路面,一场大雪后，逐渐融化的雪水在极度低温下结了一层薄冰。想象一下在滑冰场开车的恐怖情景。公路两旁闪烁的灯光一个一个地被我们抛在身后，平日有说有笑的托尼此刻默不作声地驾驶着汽车，没有跟我说一句话，似乎并没有注意到外面恶劣的天气。风呼啸着，零星的雪花还在飘扬，前方的能见度很低，不过托尼有十几年驾驶经验，还是可以应付这种路况的。也许是沉闷的心情让他忽略了最致命的风险——路面的结冰，虽只有薄薄的一层，却如同死神的魔爪。

大约半小时后，我们刚离开伦敦市不久，行驶在中间车道的车辆突然滑向右侧车道，眼看就要掉到沟里了，反应神速的托尼立即把方向盘转向左边，车子就这样横跨两条车道，猛地朝左边的深沟冲去……

完了！我俩傻傻地等待着命运的安排。

就在我们等待死神到来的瞬间，车突然朝后晃动一下，停住了。

定了定神后，我们拖着疲软的双腿爬出汽车。"雪堆！"我们惊讶地叫了一声。是公路旁的雪堆救了我们的命！

托尼小心翼翼地把车倒回公路上，对我说："蒂姆，我不敢开了。"

前方100多米的地方闪耀着几束灯光，像是公路边的餐厅。

"我们去那家餐厅歇一会儿吧。"我说。

车子缓缓地爬行着,在餐厅的停车场停住。我们互相挽着手颤颤巍巍地走进餐厅。偌大的一个餐厅只有我们两个客人。我们点了火腿三明治、乡下浓汤和咖啡。大约半个小时后,我们的身体暖和了,神情也安定了。我们彼此微笑一下,意思是又该上路了。

汽车又在401高速公路上缓慢爬行了3个多小时,我们才拖着极度疲惫的身躯,怀着惊惧的心情回到多伦多。

第二天早上,我依然在8点钟准时来到公司。

"早安!蒂姆!"已经早到的托尼依然像平常一样,笑眯眯地跟我打招呼,好像昨天晚上的死里逃生压根儿就没有发生过。刚走出几步,托尼又回过头用中文对我补充一句:"不用告诉老板昨晚发生的事!"

然后他开玩笑似的轻描淡写地对我说:"蒂姆,怎么样,不至于打退堂鼓吧?"

"你说呢?"我反问一句,"要是不想干我今早就不会再来公司了。"

"你不会当逃兵的!"他扔下这句话就去做事了。

其实,我在昨晚上的辗转反侧、半梦半醒中已经想明白了这件事。

我还没有来得及去告诉成百上千的人们生命的风险不可预知，我自己就已经在生命的旋涡里翻滚了一遭。上天为什么要这样安排？这是对我选择的阻拦吗？是不是我不应该在这个九死一生的寿险行业中拼搏？

"蒂姆，你既然选择了保险这个行业，那么你自己就必须有强烈的风险意识。上天给你安排一次死里逃生，不就是让你亲身体验一下风险无处无时不在吗？亲身经历一次生死劫，强烈的风险意识便永远埋在心中，你就能自信坦然地面对客户质疑犹豫的眼神，告诉他们要正视生命中的风险。"这个声音仿佛来自遥远的某个地方，其实它来自我的内心深处。

生与死，往往就发生在瞬间。人在生龙活虎时可以战天斗地，可又有谁能预知死神何时降临？人的身体极其脆弱，脆弱到一碰即碎，而即将踏入鬼门关的刹那，却又能奇迹般地推开死神。想到这些，我突然顿悟：这不是上天对我的阻拦，而是上天给我的启示。启示什么？启示我在经历这次风险后，就能带着这样的生死观，在极强的保险意识驱动下去面对一个又一个客户。

我好像完成了一次脱胎换骨，经历了一次复活——不是身体的复活，而是观念和精神上的复活！

> 只要你心中充满阳光，感恩每一天的降临，对你遇到的每个人热情地打招呼，主动问好，你就有成功的机会。

第 2 章
保单接踵而至

明天与意外，哪个先来临？这个无人能回答的问题，在我的身上刚刚发生了一次，不久后又在我的一个潜在客户身上重演。

"洪大哥，我的店昨晚遭劫了。"早上 8 点多钟，我还在去公司的路上，就接到郑太太的电话。

我二话没说，在下一个出口便掉转车头直奔郑太太家的杂货店。

这是我第三次来这家店。每次来回要大半天时间，因为我的公司在市区东部，她的店在市区西部，一大半路程不能走高速，必须穿行于很多红绿灯的市区。前两次与郑太太谈保险都没有结果。其实她并不抗拒保险，只是总下不了决心签单。是个朋友把她介绍给我认识的。我这个朋友也是一位不喜欢买保险的杂货店老板,我与他谈了好几次也没有签单。其实,说这位朋友不喜欢买保险并不客观,我也是后来才慢慢明白其中缘由的。如果发生意外或自然死亡,家人能够获得一笔可观的免税现金赔偿,当然是天大的好事,哪有人不喜欢的,问题是每月要支付一二百元的保费,通常要不间断地支付20年左右。大家挣的都是辛苦钱,舍不得啊!

如果我们细心洞察就会发现,人们在面对是否购买人寿保险这种问题时,内心深处通常会有一个共同的想法:发生意外这种倒霉事不会降临在我的身上吧?我每天不是都能平平安安地回到家吗?

由于我理解了朋友内心深处的想法,所以我既不强迫他们也不疏远他们。买卖不成仁义在,这是我秉承了20多年的保险销售原则。

正是在这种心理的支配下,我一接到郑太太的电话就立马赶了过去。即便不是客户,危难时刻也应该伸出援手。事发当晚,郑先生自己包扎好伤口,休息了几个小时,第二天一早就又去大学实验室做实验了。即使已经过了一夜,我面前的郑太太仍然余悸未消,神情恍惚,言语断断续续。

后来我了解到事情的经过:头天晚上10点多钟,突然冲进来两个黑人少年,一言不发直奔货柜,抢拿各种食物。正在看店的郑先生跑过去阻拦,抢劫者拔出短刀直刺过去,郑先生下意识地伸出右手去挡,右手掌立刻被划出一道口子,血流满地。劫匪抢了东西就快速逃离了。

我来的时候其实也帮不上什么忙,但我知道,郑太太是想找个人倾诉内心的悲痛与无奈。

在加拿大的很多个住宅小区,尤其已建成四五十年的旧住宅区,由于没有中大型超市,住户们也大都没有车,于是街头巷尾一些小型杂货店就应运而生,店铺面积二三百平方米。这种店通常售卖牛奶、面包、鸡蛋、饮料、香烟、小吃、各种杂物干货,以及报纸杂志等,有的还代销649彩票,同时还有申请了执照的啤酒供应。这类店铺方便周边住家的日常生活所需,所以也称便利店。

郑先生夫妇开的就是这样的店。从早晨8点开到晚上10点,工作时间很长。他们几乎天天开门,没有节假日。正在读博士后的郑先生,从早上8点至早上10点负责看店,然后去学校实验室,下午下班后用完晚餐再回到杂货店值夜班。白天其他时间则由郑太太看店。郑先生周末还要去杂货批发市场进货。因为都是小额现金交易,很难雇人来做,而且花几万元请一个帮手,夫妻俩的收入就少了很多。他们最怕的就是发生入室抢劫这样的事。以前，这种杂货店大都是由韩国移民开的。中国移民来了之后，这批韩国老板大多面临退休，他们的下一代接受了完整的加拿大教育，大学毕业后有了更好的出路，都不肯也没有必要接这个班。正好由英文不太灵光的中国移民接手。大多数加拿大当地人都不做这种累死人的生意。

"洪大哥，我开这个店也是迫于无奈。"我第一次拜访郑太太时她就直言："老郑在多伦多大学念化学博士，每个月只有1000多加元的补贴，根本养不活我们，两个儿子正在发育阶段，需要营养，上学也要些零花钱，我在国内只是实验员，不懂英文，找不到专业工作，无奈之下只好开这个店。每天工作十几个小时，没有周末和假期，连去二楼上个厕所的时间都没有。不怕你笑话，门帘后面放着一个尿盆呢，尿急时用的。还有，盘下这个店的本钱有一大半是借的，得挣好几年才能还清。本想着，这么难的日子熬几年就熬出头了，谁料到还差点丢了命。"郑太太边说边掉泪。

"为了老郑的博士梦，也为了两个儿子的前途，真是难为你了！"我小心地安慰她。

之前两次见郑太太，讨论过买保险的事。我刚到加拿大不久，还在中餐厅洗碗的时候就给自己买了一份人寿保险，就怕万一有事情发生,这里没有一个亲人,我的太太带着孩子该如何生活?我与郑太太分享过我的想法。我们都是陪读者,有共同语言。她也想过要买一份保险,但总是犹豫不决。这回我再次提醒她,风险随时都在,买一份人寿保险是必需的。而且郑先生和大儿子前年就已经买了。也许是郑太太的性格比较优柔寡断,经过这次意外事故,她仍然下不了决心为自己买一份保险。

"郑太太,我走了。"我陪她聊了个把小时后,跟她打招呼,"不过这次分别后,我们不一定有机会再见面了。"

"洪大哥,今天你怎么这样悲观?以往你都是很乐观的呀。"郑太太听了我临别前的话十分惊讶地问。

我告诉她几天前我在401高速公路经历的死里逃生的惊险一幕,她呆住了,大概她的内心已为彼此的劫难所撼动。我已经在生死边缘转了一圈,这不是从理论上而是从现实角度真正体会了生命中的风险无时不在、无处不生。此时,我坚定自信的眼神正视着郑太太犹疑不定、惊惧不安的双眼。

"好吧,洪大哥,那我今天就签申请表。"郑太太避开我的目光,坚定地说,"我小儿子也一起申请了吧!趁我们还活着,做我们该做的事。"这一次,我经历的生死劫加上她先生的遇刺事件,终于激活了深埋在郑太太心底的保险意识。

敢于直面客户谈生命风险是保险经纪人的职责,也是成功销售的关键。

在经过 3 个月的艰苦摸索与一次死里逃生的经历后,我终于有了第一个客户。

汽车发动前,我不由得回头再看一眼这个我保险生涯的始发地:

Sunshine Market,阳光超市。

多么温馨的店名。我又重新看了一下店的地址,它的门牌号里有个"No.1",它告诉我,这是第一号门牌,也是第一张保单,它也预示着,在不久的将来我会是保险行业里的 No.1。

郑太太不仅是我的第一个客户,也很快成了我的第一个转介绍中心。在多伦多开杂货店的中国人,几乎都是通过她的热情介绍认识我的。她不仅介绍,还不厌其烦地向朋友们讲解买保险的必要性和好处,特别强调一定找我买,夸我专业知识强,服务态度好。在短短的两三个月中,我发展出了第一批客户,他们几乎都是开杂货店的。

我终生记得我保险生涯的贵人——郑太太。

我也终生铭记与怀念郑太太,很不幸她已经去世了。

我们相识于 1994 年初春。她于 1994 年冬季签单,2005

年不幸遭遇车祸致使其伤残,我帮她申请了因伤残失去劳动能力免付保险费。几年后郑太太病逝。更不幸的是,郑先生已经在两年前就去世了。

郑太太当年买的终身人寿保险,本应该连续缴纳保费20年,后因其车祸致残,只缴了7年。后来保险公司上市,她还分到一些股份,套现后获得了一笔相当于3年保费的现金。整体算来这份保单的成本是很低的。

我参加了郑太太的追悼会,并把两张理赔支票交给她的两个儿子,理赔金额相当于所缴保费总额的15倍。在这个世界上,只有这类金融产品可以保证客户永远赚钱,而且绝对不会亏本。郑太太后来又从另一家保险公司购买了一份保险,可当初的经纪人已经离开这个行业,我便帮她处理理赔事宜。有了这两笔无须缴税的大额保险金,郑太太的大儿子和大儿媳得以开公司做生意,小儿子在美国完成了法律学业并取得了律师资格,后进入一家著名的律师事务所。

由于我们保险经纪人的尽职工作,一个不幸的家庭没有衰败,后代可以继续前行。一个穷酸的博士后与一个杂货店老板娘先后离世,然而一个新生公司的老板和一个大律师成长起来了。这些足以慰藉郑氏夫妇在天之灵,也足以进一步激发我们保险从业人员的社会责任感。

改变自己的人生，同时改变客户的人生。这就是我们每一个保险顾问每天所从事的引以为傲的工作。

还记得很多年前，给郑太太和她儿子送保单合约的那天，阳光明媚，房前屋后的雪堆在慢慢地消融。先融化的雪水沿着地面流淌开来，接着是雪堆现出大小不一的凹陷和洞穴，再接着是雪堆表面结成一层层薄薄的、不规则的玻璃状的冰片。在春日阳光的照耀下，属于漫长冬季的冰雪即将消失。

那阵子，不管早上出门还是傍晚归家，甚至白天在公共停车场，我都会不由自主地关注视线范围内大大小小的雪堆。在国内，自从上大学后我就居住在冬季下雪的北方，出国后又来到加拿大这样一个寒冷的国度。原本每年冬季，雪都是我生活中固定的陪伴，我离不开它也不太在意它，但自从那次在401高速公路上发生意外车祸后，我就不由自主地开始关注雪了。那起差点要了我命的车祸，罪魁祸首不正是雪后薄冰吗？而危难时刻拯救我的不也是一堆积雪吗？雪啊雪，我该恨你还是该爱你？

我无法回答这个问题。我只知道，冰雪要与我暂别了，接下来每天陪伴我的将是暖暖的太阳。

当我沐浴着温暖的阳光走到郑太太家的便利店门口时，不由自主地又一次抬起头，久久地凝望着我头顶上的那个招牌：Sunshine Market，"阳光超市"。

此时的我是保险经纪人中的幸运者，因为我在一个阳光灿烂的日子里，走进一家用阳光命名的商店给客人送保单，这感觉真是棒极了！而我的幸运远不止此。我最大的幸运是遇到了一个不屈服于困境的阳光的女人，她已经成为我的第一个客户。

从高速公路上的死里逃生到郑太太递交的第一张保单，这个突破让我真正明白了几千年前发生在耶路撒冷橄榄山上的那段对话。

当时拥有商业王国的伟大推销员柏萨罗对要求做推销员的年轻的海菲说："你抽的这个签，远非轻而易举。你常听我说，只要成功，报偿相当可观，我这么说，也是因为成功的人太少了……推销和其他行业一样，胜利是在多次失败之后才姗姗而来。"

从事保险推销业务的艰难不仅在于第一单的突破，它还难在必须永无休止地签新单。每周两单，是这个行业的常规要求。做完多伦多十几家杂货店老板的生意后，我傻傻地坐在办公室桌前发愣。我的下一批客户在哪里？我已经在心中自问了一百遍。

每天抬头看天花板就是在等待死刑判决。走出去！到广阔的社会上去寻找客户才是唯一的成功之道。

经理托尼开始带我和另一个与我同时入行的年轻女经纪人去摆摊,就是用一张轻便可折叠的桌子放置在商场、展览馆或集市的某个位置,销售一些特别的用品,类似国内的摆地摊。

我们选择位于多伦多唐人街的主要商场龙城中心。

托尼当时四十出头,育有两男一女,他的太太是全职主妇,全家人的生计都压在他一个人的肩上。他不是那种只指挥不干活的老板。摊位一搭好,他就第一个上前与来往的路人打招呼。他总是笑眯眯地对陌生人说:"我们是永明人寿保险公司的销售员,方便什么时候与您一起讨论一下保险的事?"直截了当,毫不遮掩,也不拐弯抹角。我看着托尼的那份坦然自信,犹豫了一会儿,也走上前去,开始与陌生的路人打招呼。

"我没有兴趣。""我没有时间。""我已经买了。""我没有钱啊。"

我听到的是一连串的拒绝,有的人干脆掉头就走了。整整半小时,我开了几十次口,没有一个人肯理我。失望、恐惧,我的心情糟透了。我往后退几步又回到摊位边的椅子上坐下。

为什么要面对这么多的拒绝?我心中自问,要问到什么时候才会有人给我个见面的机会？

此刻我不由得瞄了一眼托尼，他好像也还没有约到人。可他还是那样笑眯眯地继续与路过的行人打招呼。为什么他没有胆怯？为什么他没有恐惧？为什么他没有灰心？这位在中国和加拿大从事人寿保险推销达20年之久、得过无数行业大奖、如今升为销售经理的白面书生，有着什么与我不同的、特别的职业精神吗？我一边自问一边站起身来，再次勇敢地走到前面去。

"先生太太你们好！我是永明人寿保险公司的经纪人，能不能找个机会与你们分享一下人寿保险的事？"我对着刚要离开商场的一对中年夫妇，笑眯眯地说。这对夫妇开始愣了一下，还没有反应过来。

"您是卖人寿保险的？"先生反问我。

"是的。"我回答。

"听说过，但是不清楚这种计划是什么内容。"先生自语。

"所以，我们可以约个时间去您府上向您介绍这个计划。"我不失时机地接过话。

"怎么样？"先生别过头问他的太太。

"也好，可以先了解一下。"太太表示赞同。

后来了解到，这对年轻夫妇姓黄，他们带着一个未成年的儿子刚从北京通过技术移民来到多伦多，已经找到了工作。我们约好下次见面的时间，他们给我留了家庭地址与联系电话。

就这样，在不断与路过的陌生人打招呼的一个小时后，我终于约到了第一个潜在客户，而且非常幸运，之后我们第一次正式约见就签了3张保单，黄先生夫妇和儿子各一张。

那天，我们3人共约到5个潜在客户，后来其中的3个家庭都购买了公司的人寿保险，共8张保单。

只要你心中充满阳光，感恩每一天的降临，对你遇到的每个人热情地打招呼，主动问好，你就有成功的机会。这是我们在摆摊第一天成功签单后我总结出的人生经验，也正是托尼这种专业保险经纪人特有的职业精神。

从此以后，我们坚持每个周六周日都去摆摊，每天有十来个小时的时间都在主动和陌生人聊天。我们每周都收获满满，总能约到五六个客户，签八九张保单，这保障了我们这个团队的基本业绩，使团队在整个分公司稳居业绩榜首位。

有一次我们竟然签了3张大单！

那天，也不知道是吹的什么风，一对衣着考究的中年夫妇从我们摊位前走过。我犹豫了一下，还是主动过去打了招呼。令人意外的是，这对高贵儒雅的夫妇并没有因为我的冒失而不悦，反而停下了他们的脚步。

太太和蔼可亲地问我："是推销人寿保险？"

"是的。"我回答。

"我们已经在新加坡买了足够多的保险了。"先生说。

"可是我们已经移民到加拿大了，不妨也了解一下加拿大的人寿保险。"太太说。

此时我没有搭腔，只是看着那位先生。

"也好啊！"先生稍微犹豫一下就答应了。显然这是一个很乐意听从太太意见的好先生。

两天后的一个上午，我们按照约定的时间，走进位于北约克市的富人区——一座富豪山庄的一间豪宅。这是我到加拿大以后第一次走进足有500平方米的宽大敞亮、装修精致的豪宅。这家人姓周，托尼和我坐在客厅里与周太太一起聊保险计划。后来知道，周先生之所以没有参加，是因为他的身体条件已经无法投保。周先生移民前是新加坡一家公司的高管，周太太在家相夫教子。

"洪先生，你应该是个有学问的人，在北京是做什么工作的？"刚一落座，周太太就笑着问我。

我知道，周太太还有下一句没有说出来。我也很坦诚地告诉她，我曾在北京读硕士研究生，毕业后分配到人民日报社当记者，因为我太太在加拿大攻读化学博士，所以我也一起移民过来。我找不到专业对口的工作，所以选择推销人寿保险。

我们太幸运了！当天就签了3张申请表，周太太和她的儿子、女儿都申请了。周太太在新加坡已经买过保险，所以既有保险意识也容易沟通，无非是再买些加拿大的保险罢了。

踏破铁鞋无觅处，得来全不费功夫——在这个行业待久了，常常会遇到这种情况，生出这些感慨。

只是后来在做体检时出了个小插曲：周太太的小女儿死活不肯接受体检。任妈妈怎么哄劝都无效，托尼对小女孩说了许多买保险的好处，比如将来可以从保单中提取红利和现金，用来买衣服、旅游，多开心哪！可软磨硬泡大半天还是不行。

我们第二次再上门劝说时，我灵机一动，笑眯眯地对小女孩说："买不买保险倒也不重要，可这个体检是要把你的尿液和血液送到美国非常有名的检验中心去的，其中的好多检查项目在加拿大的常规检查中是不做的。有了这么全面的检查指标，你就知道如何根据自己的身体状况安排饮食和锻炼，从而使自己更健康、更漂亮了。"小姑娘听了我的话，瞪着眼睛看向我，似乎也怀疑我在哄她。不过她犹豫了一会儿，还是自己坐到了体检护士对面。

"蒂姆，连树上的小鸟都能被你哄到手掌心上！"刚出客户家的门，托尼就突然冒出这句话，既像是夸奖，又略带酸味。

其实我自己并没有意识到这个优点。几年后我去美国加州参加永明人寿保险公司的高峰会。晚上，很多保险经纪人到酒吧饮酒聊天，"蒂姆，你就是大海中的鲸鱼！"一个同行突然没头没脑地对我说了这么一句话。回到多伦多后，我特意查阅了有关鲸鱼的资料，据说鲸鱼的叫声能让人感到安静放松。莫不是我与人说话会让对方感到愉悦而更容易接受我的观点？资料中还说，鲸鱼是一种独特而孤单的动物。的确，保险顾问这个职业也是这样的。

托尼是个工作狂。我们周末的两个白天都是连续摆摊10个小时，其间几乎都是站着，也没有午休。午餐时三人轮流到地下一层的美食广场买份快餐充饥；每天摆摊结束后，就近买个盒饭当晚餐；匆匆用过晚餐就直奔已经预约好的潜在客户家中，因为大多数约到的客户也都住在附近，如果改天再见客户，就要花费双倍的时间在路上。托尼还经常一个晚上约见两个家庭。

我见完客户签完单通常已是晚上11点多，回到家已过午夜，家人都睡了,我只好轻轻地简单洗漱一下,然后蹑手蹑脚地爬上床。

做保险推销业务,完全没有时间照顾家人,连与他们共享天伦之乐的时间都非常少。每天工作十几个小时,没有周末和节假日,偶尔能赶回来与家人共享晚餐,但晚餐后也要很快投入工作,做陌生电话拜访(Cold Call),也就是给那些还不是客户的陌生人打推销电话。这么做很对不起家人,但如果不这样就很难有好业绩,也不可能有高收入。这就是我自己选择的生活。

不管每天晚上回来多晚,我都必须在早上 7 点准时起床,匆匆用过早餐,顺路送女儿去学校,然后便直奔公司,去参加公司总部或保险行业定期举办的早会,也叫晨会。这种会通常在早上 8 点或 8 点 30 分开始,一个小时结束,这样可以保证参会者在上午 10 点前能够回到公司,开始繁忙紧张的工作,比如会见客户、打电话、研究销售方案等。

在如此快节奏的日子里,每天早晨送女儿到学校后,我都会开车到街角的咖啡店,通过得来速(Drive-Through)点一杯咖啡,和这个世界上成千上万的人一样开始一天的辛苦劳作。正是这杯散发着强烈苦味又略带微酸的棕色液体,刺激着我的味觉和中枢神经,让我从晕晕乎乎的状态中渐渐苏醒过来，再来到办公桌前或会场。如果要参加晨会，我还会为自己续一杯这种棕色液体，因为只有它能确保我清醒地听完台上的讲演。我实在太累了！感谢这种寓意为"力量与热情"的Kaweh①，是它支撑我完成每周7天、每天12个小时的工作！

我没有抱怨自己的人生，因为上天在安排我不停劳作的同时也赠予我这种足以慰藉我心灵的琼浆玉液。况且每天适量饮用这种棕色液体还对身体有很多好处呢！

几年前去牙买加度假时，我特地驱车两个多小时去一座被当地人称作蓝山（Blue Mountain）的高山，目睹咖啡树的生长和咖啡豆的采撷，从而深入了解咖啡与人类的渊源。15世纪时咖啡出现在也门，16世纪在中东和北非，然后是欧洲，最终在全球的每个角落都有了咖啡的种子。5年的时间，它会从幼苗长成树，继而结出椭圆形果实，果实最初是深绿色，成熟时变成黄红色或紫红色。然后经过采撷、烘焙等繁杂程序，之后还需要煮咖啡的人的悉心调剂，才最终成为一杯有着浓郁苦味的咖啡，于每天早晨送达我的手中。以苦治苦，

---

① Kaweh，希腊语，意思是"力量与热情"。"咖啡"源自该词。

难道人类一生都在受苦吗?

  我的"苦"日子刚刚开始,有了这杯棕色的苦味液体朝夕相伴,我坚信我能一直走下去。

> 一年前,我是餐厅厨房里的帮厨,而今天晚上,我已经是加拿大最大的人寿保险公司的顶尖销售高手。人生如戏,变化如此之大、时间如此之短,实在令人感叹!

第3章
新人销售冠军

10月是收获的季节。

我所在的永明人寿保险公司,每年的10月份都会举办一场传统的大型销售比赛,被称为总裁月大竞赛(President's Month)。全加拿大所有分公司的保险经纪人都会参加比赛。参赛人员被分成新兵(当年入行者)和老兵(入行两年以上者)两组。

9月底的一天上午,分公司召开赛前誓师大会,主讲人是分公司的老销售冠军彼得。他的演讲内容很特别。他先在讲台上摆放一个长方形仪器,上方的横杆上等距离悬挂着7个用细钢丝拴着的小钢球。他用手拉起最右边的小球,然后松开手，小球就撞到它右边的第2个小球，第2个小球再撞到第3个小球……直至撞到最左边的小球，最左边的小球被撞出后反弹回来，再从左往右依次撞回来……7个小球就这样不停地左右摆动。这是人类梦想中的永动机之一。根据热力学第一定律——能量守恒定律，能量总是守恒的，既不能被创造，也不能被破坏，所以永动机到目前仍然是人类的梦想。那么彼得演示七球互动究竟要传达什么信息呢？他没有正面回答，只是告诉大家，他之所以能够一直保持分公司的销售冠军，唯一的秘诀就是每天见两个潜在客户，从不间断，而且每周、每月、每年都会预设自己的销售目标，目标一旦确定，任务量只可增加不可减少。我确实亲眼看见他几乎每天都会见客户。后来他退休了，搬到城市北部的一处森林与湖泊环绕的度假胜地居住。同事问他为什么选择此处，他苦笑着回答："我此生只想与森林与湖泊为伴。"同事们开玩笑地说，彼得再也不想见人了。

动，行动，尤其是第一次行动，也就是第一个球的运动，不可能产生永动力，但一定会带来联动、互动，带来相当长一段时间内——即便不是永远——的运动。

彼得演讲结束后，老板迪特尔要求每个经纪人都要给自己制定十月份的销售目标。从进入这个分公司开始，我就看到会议室墙壁上挂着的每个经纪人每月的销售目标。黑板上还写着一段话：

> 我一定要宣布我的目标。我一旦说出自己的目标，我就不敢随便把它取消，以免有失体面。而当我达成目标时，不是停下，而是把目标继续提高。目标要越定越高，不是越定越低。

我入行近半年，每月的FYC①为1500加元至2000加元不等，业绩在整个分行20多名经纪人中位列中等。

"蒂姆，你定多少？"托尼一改平日笑眯眯的模样，表情严肃地问我。

"我也不知道啊。"我犹豫着。

"你定3000，比平时加倍。"托尼替我做了主。他自己的目标是5000。他是老经纪人，又是经理，理应比我的目标高。

会议结束后，我坐在办公桌前为新的目标犯愁。多伦多华人开的杂货店我已经跑遍了，也签了七八张单，摆摊找来

---

① FYC（First year commission），即保险销售人员销售的保单于第一保单年度可直接计提的佣金。

的客户该签的也都签了，还能上哪里去找新的客户？干我们这行，吃了上顿就不知道下顿在哪里。但是我很快让自己的心平静下来，细细地回想入行半年多来，如何死里逃生、怎样签到第一张单、如何把业绩逐步稳定的，再重新品味彼得的演讲中所包含的社会、自然与人生的哲理，慢慢地，我隐约知道自己该怎么做了。

行动！立即行动！每天行动！现在就行动！只有行动，只有每天打电话，走出办公室去拜访陌生人，才有可能创造机会。行动失败也胜过不行动。要像彼得一样，让每天行动成为我的生活习惯。

我开始坚持每天晚上给陌生人打电话。第一周完全没有效果。我白天有大把的时间，却不知道做什么好，于是我决定给自己一个最艰难的挑战：沿街挨家挨户地敲门拜访，实践每天行动的行销原则。这种行销方式可以说是最艰难的，它如同大海捞针，也可以说如同买彩票，通常只有刚入行的年轻销售人员才会这么做，而我当时已年近五十，需要多大的决心才能放下自己的面子和尊严，坚定地做这件事啊！既然找不到更好的路，那么有条缝我也要去钻啊！我把这个想法告诉托尼和迪特尔。他们惊讶地望着我，心里一定在想这个家伙肯定是急疯了。但我看得出，他们非常欣赏我这种敢于尝试的勇气和勇往直前的职业精神。

"蒂姆，这样吧，我动员一个年轻的经纪人给你做伴如何？"托尼说。

"那太好了！"我高兴极了，沉重的心情也轻松不少。

第一个愿意和我一起出去扫街拜访的是一名中年女经纪人，似乎年轻人都排斥这种辛苦丢面子又很难有收获的行销方式。我们先去了公司附近的一个小型商场，从第一个店铺开始，面包店、肉铺、海鲜摊、快餐店、服装店……七八个店过去了，一无所获，但同行的女经纪人性格稳重，和我一样不气馁、不抱怨。

当我们走向停车场正准备驾车返回公司时，耳边突然传来叮叮当当的声音。我转身望去，那声音像是从一个店铺里传出来的。

"要不我们到这家铺子看看？"我对女同伴说，"反正还早，太阳还没下山。"女同伴顺从地跟着我走了进去。那是一家铁铺，制作和经营各种日用品和厨房用品。

"师傅，打扰一下，我们是永明人寿保险公司的，想问你们有人想了解一下人寿保险吗？"我对最靠近大门的几个师傅说。

"人寿保险啊，买过了，也是永明人寿的。"

"想买但是没有钱啊！"

回应的都是让我们失望的消息。

"打扰师傅们了，再见！"我们转过身正准备离开。

"人寿保险怎么买？"突然一个洪亮的声音传了过来。我回头望去，是坐在最里面的一位50岁左右的男师傅，他正抬头看着我们。

于是我们转身走近这位师傅，向他介绍人寿保险计划。大约一个小时后，这位姓罗的师傅就当场决定申请一份终身人寿保险，这份保单的FYC将近1000加元，相当于我任务目标的1/3。

走出铁铺时已是黄昏时分，女同伴显得异常兴奋，而我在兴奋之余，感觉耳边似乎又响起了叮叮当当的声音，那不是普通的铁器撞击声，而是来自大自然的召唤，是生命的呼唤！我很庆幸听到了这种来自大自然又像超自然的声音，更幸运的是我及时地回应了这个呼唤。因为我的内心深处埋藏着生命风险意识的种子。我坚信，人寿保险计划是任何人都需要的。你不知道哪个人是你的客户，但只要你诚心诚意地走近他们，那么他们中的某一个甚至更多人就会是你的客户。不是我们没有客户，而是成百上千需要人寿保险计划的男女老少分散在世界的各个角落等着我们，我们的任务就是耐心地走遍这些角落，找到他们。

迪特尔和托尼对我们的首战告捷感到又惊喜又开心。在第二天晨会上就表扬和肯定了我们敢于行动的精神，以及可喜的业绩。

我决心把这条路走下去，但那位女同事不愿意再扫街拜访了。我没有问她为什么，而是自己一个人继续行动。这次我选择了公司南边的一片小型住宅区。我把车停在住宅区的路边，一条街一条街地走，一扇门一扇门地敲。整整5天，敲了200多家的大门，竟然没有一个人愿意让我踏进他们的家。

我孑然一身，背着电脑，走在长长的街道上，孤独无助的心情油然而生。这真是一个孤独的行业，没有同伴，也没有对手，每天都是一个人面对无数的拒绝。当你气馁绝望的时候，身边没有倾诉的对象，也没有人向你投来哪怕一丝同情的目光。

一只落单的加拿大大雁正在路边的草地上悠闲地吃着当年的最后一茬嫩草。我充满羡慕地看着它，自言自语地念叨一句：你多好呀，自由自在，悠闲自得，而我是多么孤独啊！我一边念叨一边向大雁走过去，想和它套近乎。它没有躲开我，而是伸长脖子，朝我呜呜地叫了几声，似乎在宽慰我、鼓舞我：你并不孤独，还有我呢！我感激地向它挥挥手，并轻轻地告诉它：我还要去另外一条街拜访呢。我恋恋不舍地挥别大雁，开上汽车前行了几步路，忍不住回头再看一眼大雁，它又朝着我叫了几声，然后腾地一下如火箭般冲上蓝色的天空。

后来我知道，那时的我确实并不孤单。在万里之外的中国深圳，有一个与我年纪相仿的中年男人，也正带着他的伙伴们在某一栋公寓楼里挨家挨户地敲门，推销人寿保险。他就是中国平安人寿保险公司的创始人马明哲先生。

孤独不是孤独者的坟墓，孤独是成功的垫脚石。我坚信，孤独不会是永远的。

"小纪，你跟我一起去扫街吧！"有一天上午临出门前，我试着劝说坐在我对面的一个年轻男经纪人，他已经连续好几天坐在办公室抬头对着天花板发呆了。听了我的话，小纪苦笑着，却没有挪动。"就当是陪我好了，反正你现在也没什么事做。"我做着最后的努力。他不太情愿地懒懒地起身，跟着我出了门。

这次我不再拜访住宅区。我仔细分析了上次失败的原因，那些能决定是否购买保险的人，白天大都在工作，于是我决定沿着公司北边一条叫作雪柏大道（Sheppard Ave）的街道从东往西走。雪柏大道是士嘉堡市（Scarborough）的一条主干道，路两旁有数不清的各式各样的店铺，我一家家地问，总能有机会的。但不幸的是，前三天还是没有任何收获。第四天，小纪的身影消失了，从这个行业永远消失了。还有一个叫查理的同事，上个月刚从会计师转行做保险，签了自己父母、兄弟、妻子、子女等几张家庭保单后，由于迟迟开发不了新市场，整天坐在办公室，也无以为继，又回会计师事务所上班去了。成千上万的人涌入保险这个行业，幸存下来的却寥寥无几。把失败者的"尸体"堆起来，比埃及的金字塔还要高，这就是人寿保险销售行业残酷的生存现状。

大竞赛已经过去十天，我的业绩才完成不到 30%。接着走街串巷！我再次孤独地离开办公室。我深知，有空调的宽敞的办公室对老板秘书来说是天堂，但对销售人员来说却是坟墓！我不能待在"坟墓"里与"死亡"共枕。

接下来的两天还是一无所获。我也接近绝望。

我不死心，于是接着走。这条雪柏大道我刚走了一小半，怎么就断定后面不会出现奇迹呢？铁铺里叮叮当当的声音又一次在我耳旁响起，它陪伴着我一步一个脚印地前行，像在演奏《土耳其进行曲》。

这天中午，大约 12 点 30 分，我已经走了两个多小时、拜访十几家店了，我的肚子开始咕咕叫，我是真的饿了，腿又酸又软。我想回公司吃午饭，那时候我还很穷，每天都是自己带午餐放在公司的小冰箱里。那天我真的有点走不动了，额头和身上直冒冷汗，于是坐到路边的一块石头上休息，继续走路可能会昏倒。

我是在20世纪60年代中国最困难的三年里落下这病根的。当时我在家乡的县城上中学，一把大米加上一些切成细条的菜叶便是我的午餐。在饭盒里先铺一层菜叶子，然后撒上一层米（不如说几十粒米），接着再铺上一层菜叶子，再撒上一小把米，这样铺上三四层，最后拿到学校放在食堂的大蒸笼里蒸熟了吃。那时的我常常到下午两三点钟就会饿得头晕腿软冒冷汗。

此时我环顾四周，不远处有一家卖牛肉面的小店。我下意识地摸摸口袋里的钱包，一碗十元八元的牛肉面我应该还吃得起，于是拖着无力的双腿慢慢地走了进去。

我点了一份普通的牛肉面，有气无力地吃着。

"是老洪吗？"一个长着圆圆脸的中等身材的男子从柜台向我走来。

"是小赵？"我们对视了一会儿，我才认出他。

两年前我们在唐人街的一家龙城快餐店认识。他当时开了一家上海小吃店,而我在附近与朋友合开了一家西餐厅,常去他那里吃上海小笼包。

因为恶性竞争,龙城的十几家中式快餐店都关闭了,小赵只好北上到士嘉堡市,开了这家牛肉面店。

"老洪,你现在干吗呢?"小赵关心地问。

"经济环境差,我那个店所在的区是穷人区,生意做不下去,所以把店贱卖给了一个越南人。"我苦笑着回答,"实在找不到合适的工作,现在做保险经纪,推销人寿保险。"

"巧了,"小赵接茬说,"老杨前几天还跟我唠叨,说想买人寿保险,正四处打听呢,正好你做这行。那我去把他叫来。"

"哪个老杨?"我一时对不上号。

"就是当年在龙城和我一起开店的老杨。"

过了一会儿,老杨从后厨走了出来,见到我很高兴,我们拥抱了一下,还互相拍拍肩膀。

劫后余生兄弟在。老杨和小赵硬是不收我的饭钱,老杨还当场跟我约好,两天后我去他家谈保险,他们全家5口人都想买。这一突如其来的好消息让我兴奋不已,手中的筷子都掉到地上了。

当我驾车驶入万锦(Markham)市区,穿行在一条条宽阔整洁、绿树掩映的街道上时，心中洋溢着浓浓的甜蜜。这是加拿大人口最多的镇，居住者以中产阶级家庭为主，后来由镇升级为市。这里几乎所有的房子都是前庭后院的独立屋。我相信，老杨夫妇的生意是成功的，否则不可能买得起这里的房子。镇上居住的华人占 30% 左右，大都是早期来自中国香港的移民，有一定的资金才能住进这样的富裕小区。

杨先生家在玄门道（High Gate Drive）上，占地约 600 平方米。矗立在我面前的是一座宽敞明亮的独立屋，4 室 2 厅 3 卫的格局。这是我拜访过的第二大的房子。

聊天气氛非常融洽，不仅因为我与杨先生是故交，还因为这是一个书香气息浓厚的家庭，与我的文人性格十分契合。杨先生的父亲温文尔雅，曾在上海一所大学任文科老师，精通中国书法和古代诗词；他的母亲是位慈祥的老人；杨先生的太太也是一位知书达礼、举止优雅的女性，与朋友合开一间酒吧。他们的独生子 10 岁出头，在念小学。

我们的聊天刚刚进入保险计划的主题，一听到我介绍的是永明金融公司的产品时，杨老先生就兴奋地插话："这家公司好！新中国成立前就曾在上海开业。1949 年后公司虽然不再营业了，但对已经生效的保单都一一赔付了。很讲信用的！我知道这家公司。"

不用多说，从保险功能讲解到保险产品介绍，一切进展都十分顺利。根据杨先生家的财务状况和家庭收入，他们决定每年拿出两万加元左右来购买全家五口人的终身分红保险。

我带着五张申请表辞别杨先生后，不由自主地在车道上停驻。放眼望去，到处是黄色、橙色、红色，万紫千红的色彩染遍了房前屋后，似乎蔓延着烧红了远处的天空。

枫叶季节来临了。我这才意识到此刻是加拿大一年中最美的季节。也许它早在一周前就已降临，只是因为我日夜都想着找客户，惦记着业绩有没有完成，所以没有留意到周围的世界正悄悄地从单调的绿色变为赤橙黄绿青蓝紫。火红色的枫树、深黄的杨树和白桦树，沿着街道两旁延伸下去。

加拿大是枫叶之国，加拿大人对枫叶的爱渗透进生活的方方面面。我能如此幸运地在枫叶季一次签下五张大单，该如何感谢上天的恩赐啊！

这次的意外成功，更加坚定了我的一个信念：这个世界上一定有许多人需要人寿保险，并且乐意为自己的家庭早早地构筑一道坚固的防护墙。问题只在于，我们保险销售员在何时何地见到这些人。

托尼和迪特尔瞪大眼睛翻看我提交的五份申请表。托尼还用计算器计算五张报单共有多少 FYC。当他们知道这些保单既不是来自我的亲戚朋友，也不是客户转介绍，而是扫街拜访得来的时，更是又惊讶又赞叹！

"蒂姆，真有你的！"两位老板一起对我竖起大拇指。整个分公司的办公室也都骚动起来，从经纪人到秘书都在议论这个突如其来的销售奇迹。第二天，老冠军彼得也屈尊来到我的办公桌前与我握手，向我表达敬佩与祝贺！

这次从绝望中升起希望的经历，与之前高速公路上死里逃生一样，对我的内心产生了极大的震动和启迪。不同的是，前一次是亲身体验了生命中的风险无时无处不在；而这一次是真正明白了保险行业行销生涯的最高精神境界是：即使面对无数次失败，也要不畏孤单、坚守信念、继续前行。就像爱尔兰女歌手恩雅（Enya）为电影《指环王：护戒使者》（*The Lord of the Rings*）演唱的主题曲《但愿如此》（*May It Be*）的歌词所写的那样：

但愿夜空之中闪烁新星（May it be an evening star）
照耀着你（Shines down upon you）
但愿在黑暗降临之时（When darkness falls）

你的心灵依然纯真（Your heart will be true）

你在孤单的路上跋涉前行（You walk a lonely road）

哦！离家乡已如此遥远（Oh! How far you are from home）

黑暗已经来临（Darkness has fallen）

坚信你能找到回家的路（Believe and you will find your way）

希望在你心中不泯（A promise lives within you now）

我不仅完成了预定的业绩目标，还超额完成一倍多。

此时，我没有停下脚步，而是制定更高的目标。大竞赛的意义是把每一个参赛者的潜能全部挖掘出来，发挥到淋漓尽致。就像奥运会一样，就是要展现人最顽强的意志和最大的潜能。在最后一周里，我又签了两单。其中一个客户是在报上登广告的地产律师，我打了他的电话，还去了他的办公室拜访；另一个是朋友介绍的从上海通过技术移民来加拿大的中国人。月底公布业绩，我完成了 16 张保单，当月 FYC 总额 11914 加元，在分公司排名第一。11 月初总公司宣布整个安大略省的竞赛结果，我居然获得全省新兵个人销售业绩冠军（Top Rookie）的好成绩。新人第一名！老板对此将信将疑，以为是统计数据有误，于是让秘书直接打电话到总部竞赛办公室确认，对方回答得十分肯定：没错，蒂姆·洪获得新人销售冠军！

整个分公司，从迪特尔到托尼，再到彼得，以及所有经纪人和前台秘书，都欢呼喝彩，兴奋得手舞足蹈，因为这是分公司成立十几年来第一次获得个人冠军！

十月是收获的季节，也是感恩的季节。我真心地感谢上天赐给我战胜孤独的勇气，赐给我丰硕的成果！

总公司的庆功表彰大会在市中心的豪华酒店喜来登的宴会厅举行。

老板迪特尔夫妇，经理托尼夫妇，老冠军彼得夫妇以及我和太太，共8个人，代表分公司参加了庆功晚宴。当时我女儿年龄还小，不能单独留在家中，我就在喜来登酒店订了一间离宴会厅很近的套房，安排女儿住下，会有服务生给她送去晚餐。庆功宴结束后我们一家就住在酒店里。

从我家到市中心的喜来登酒店，要行经多伦多市区的一条著名的高速公路——当河谷园林公路。这条高速公路南边连接着紧靠安大略湖的嘉甸拿高速公路（Gardiner Expy），北端则与401省道和404省道交叉，全长15千米，它把市中心和北部城镇连接起来，大大方便了城市中南来北往的车辆的流动。这条高速公路中途会经过当河谷一带的峡谷和园林，因此被命名当河谷园林公路。公路蜿蜒穿行于峡谷之间，绿树与溪水相伴，飞鸟共白云齐飞，风光旖旎，如诗如画，尤其是在金秋时节，公路两旁的峡谷枫林尽染。我常年穿梭在这条风光旖旎的公路上去见客户，它赏心悦目的美景会让我忘掉不少烦恼和倦意。

参加庆功宴那天，我们一家人开车出门时已是夜幕降临，公路两边的灯光在夜色中摇曳，我的心情也起伏不定。近一年来，我在这条公路上不知跑过多少个来回，炎炎烈日下、倾盆大雨中、风雪交加时，多少个周末、假期和夜晚的辛劳与付出，才换回了今晚的庆功之宴。

当我驾车驶过高速路最后一个拐弯时，市中心的耀眼灯光扑面而来，我忽然觉得有些眩晕，便揉揉眼睛定了定神。五颜六色的灯光从市中心朝四面八方扩散而去，东、西、北三面都是从市中心延伸出去的城市街道，一眼看不到头，也就无法知晓灯光会在哪里消失。只有南边，我知道那是安大略湖，灯光照到那里会融入无边的湖水。

进入市区后，我有意放慢了车速，因为我这次不需要满怀心事、急匆匆地去见客户，也不是见完客户后筋疲力尽地回家，而是来赴宴的。我轻松愉快、左顾右盼，尽情地欣赏摩天大楼、酒肆餐厅、五彩灯光和匆匆过客。在喜来登酒店不远处的一处街角，我看到几位蜷缩在又脏又黑的衣被中的无家可归者，正躺着打盹。他们头顶上方的昏暗光晕，是街灯送给他们的微弱的温暖。

我突然想起一件事，是我太太告诉我的。她说有一次她开车带着不到十岁的女儿去市中心玩。看到街角有几个流浪汉盘腿坐在暖气管道上取暖，就对女儿说：你如果不好好读书，长大了就会像这些流浪汉一样。女儿当场就被吓哭了。我心里想，当我决定留在加拿大时，我太太大概也想对我说同样的话：你不好好打工，就只能去与流浪汉为伍了。破旧的街道与豪华的酒店相邻，流浪汉与赴宴者共存，这就是现实世界。还好我不是来投靠流浪汉的，而是来豪华酒店赴宴的，因为我勤勤恳恳地推销人寿保险，而不是像懒汉那样躺着不干活。

繁华都市，白天的忙碌和竞争会让人们暂时忘却它的真实面目，只有到了夜晚，在闪烁不定的灯光下才呈现出它的全貌。

怀着五味杂陈的心情，我们的车到了喜来登酒店的大门口，一个西装革履的侍者快速走了过来。我把车钥匙交给他，就携太太和女儿走进了酒店大厅。入住房间后，我打电话叫来服务员，把女儿交付给她，便与太太去宴会厅赴宴。

"蒂姆·洪，"在宴会厅入口处有接待员喊了我的名字。她们让我和太太先不要进大厅就座，而是在宴会厅外的一个小套间里等候。我们对此也有些云里雾里，后来陆续进来3对夫妇。大约半小时后，所有的来宾都已各就各位，才听到主席台传来司仪的声音："下面有请我们今年的新人销售冠军蒂姆·洪和他的太太到主席台来。"

公司总裁伸开双臂，挽着我和太太，慢慢地走进宴会大厅。在热烈的掌声与欢呼声中，总裁继续挽着我们慢慢地穿过人群，走上主席台，并十分客气地示意我们坐下。原来是新兵组与老兵组分别决出一个销售业绩冠军和一个销售保单数量冠军，共有四个冠军，我是新兵销售业绩冠军。等到4个冠军及配偶共8人都坐上主席台时，我放眼朝台下看去，惊讶地发现，挽着我们上台的公司总裁、公司高管们，以及为这家公司奋斗几十年的功勋老臣们，都依次坐在台下的座位上。

那一刻我内心所受到的震撼是有生以来最强烈的一次。

为什么会这样安排？我已无心听主持人和总裁的发言，而是一直在思考这个问题。

我由此推断，这一定是一家非常尊重保险经纪人的公司。

如果没有保险经纪人的艰辛努力，如果不能把公司的各种人寿保险计划推销给需要的客人，那么公司就无法正常运作并发展下去。我平生第一次感受到这家公司的企业文化：总裁与高管们对公司第一线劳动者有着充分的认可和尊重。这是一个完全可以为之奋斗甚至卖命的公司啊！在这个平台上，我是主人翁，而不是雇员；我不用拉关系、求熟人，只需要靠自己的智慧、勤奋和毅力去争取最好的销售业绩，我就能在加拿大立足发展。要靠自己的不懈努力而不是靠拉关系、找靠山，一直是我信奉的处世原则。我坚信我终于在异国他乡找到了最适合自己生存发展的职业。

晚宴是自助餐形式的，丰盛的食物和各种名酒让两百多位来宾感到无比喜悦。我印象最深的是一整排清蒸大龙虾，足足有几百只，任人品尝。上下四五层的几十种蛋糕，让我都不知道该选哪一款了。我尝了自己熟悉的两款：巧克力草莓慕斯和芝士蛋糕。

迪特尔和托尼十分兴奋地一起端着酒杯走上主席台向我致敬祝贺，我们还一起留影纪念。

看到酒店的服务员走过来收拾我们用过的餐具，我突然百感交集。一年前我就是他们中的一员，是餐厅厨房里的帮厨，而今天晚上，我已经是加拿大最大的人寿保险公司的顶尖销售高手。我不是宴会上端盘子的,而是宴会上的贵宾。人生如戏,变化如此之大、时间如此之短,实在令人感叹!

是对职业的选择决定了这一切。

我选择了人寿保险推销员这个职业,由此改变了我的人生!

第一年,我的销售佣金和红利加起来一共4.5万左右加元,已达到当初我看到的广告中宣传的数字。我的家庭经济状况也得到很大的改善。

"妈妈,要是爸爸以后每年都能赚这么多钱就好了!"才11岁的女儿拉着我太太的衣角说。小小年纪的她,大概也已经懂得享受豪华酒店的美味晚餐和住宿环境了。女儿对我满怀期待。

女儿的话勾起我对往事的回忆。其实,我曾经让她失望过。

那是我刚到加拿大时,有一天我带女儿去附近的一个小商场闲逛。

"爸爸,我想要那个洋娃娃。"女儿指着橱窗里的一个玩具说。

我像在国内那样,大方地伸手去取那个玩具。可拿到手上一看,标价34.99加元。我下意识地伸手摸了摸口袋,掏出仅有的一张 20 元加元,那时我还没有去打工挣钱,只好羞愧地把玩具放了回去。女儿非常扫兴地被我劝开了。

在她的眼中,今天的爸爸不再是那个买不起玩具的爸爸,而是一个有着 4.5 万加元年收入的爸爸,她希望爸爸永远是万元户。

"但愿吧!"太太随口答了一句。

她虽然知道自己的先生常常让她感到意外,比如从县城调到省城,从省城来到首都,考上硕士研究生,进入人民日报社,在住房奇缺的北京分到两室一厅的公寓,等等,总之隔三岔五就会给她一个惊喜。可那是在中国,而此刻是在加拿大,这个英文水平一般、没有专业技术、年近半百的半老头子,还能折腾出什么名堂?今年得了什么新人销售冠军,赚了近 5 万加元,大概是祖坟上冒青烟吧!

> 这张年缴费2.8万加元的保单,成了分公司当年最大一张单。我不仅获得了分公司乃至安大略省的最大单奖,还进入全公司老兵队的销售领军人物名单,并且成为麦考利俱乐部成员,之后连续八年我都获此殊荣,直到取消该俱乐部为止。

第4章
百万大单背后

从在401高速公路上的死里逃生,到获得新兵销售冠军奖并去喜来登酒店参加庆功宴,我带着几次绝处逢生的经历走过了保险推销生涯的第一年。我创造了分行的奇迹,创造了加拿大华裔保险经纪人的奇迹。但是我并没有因此而飘飘然不可一世,我的心仍然是空荡荡的,因为这是一个有上顿却不知道下顿在哪里的行业。当我从喜来登酒店开心地捧回冠军奖杯时,也清醒地认识到,我的明天还要从零开始。

我仍然坚持每天给陌生人打电话,通过现有客户的转介绍认识新的潜在客户。圣诞节与新年期间我也只是找个餐厅与家人共进一顿晚餐,其余时间仍然在做市场开发工作。我每天开车穿梭于灯光闪烁的大街小巷。我闻到烤熟的火鸡香味弥漫在寒冷的空气中。节假日的拜访，我只是送出去一包又一包的圣诞礼物，温暖了客户的心，却冷透了我的心，因为我没有签到一张保单。也许是因为大家都在欢庆一年的收获，忙着用各种形式的玩乐犒劳一年的辛苦。

沮丧的心情混合着节日的气氛，我糊里糊涂地过完了圣诞节和新年。与家人在一起时我强装笑脸，焦虑不安却深埋心底。

过完元旦的第二天，我就去公司了。知道可能也做不了什么事，权当散散心，却意外地在我的办公桌上看到一封来自公司总部客户服务中心的信，原来是总部转来的十几个已经没有经纪人跟踪服务的保单，行业里称这样的保单为孤儿单。我猜想，公司看到我第一年就获奖，认为我在这个行业能做持久，所以把那些因为经纪人离职而无人继续提供售后服务的客户转到我的名下。接受孤儿单是没有佣金但必须承担服务责任的，唯一的机会就是用高质量的服务去开发新的生意。许多经纪人都不愿意接受这种保单，认为这是吃力不讨好的赔本生意，但我欣然接受了公司的委托。

一点希望大都来自无数的失望甚至绝望，一点收获常常来自许多的徒劳。过去一年的起起伏伏已经让我完全明白了销售行业里的这条生存原则。

孤儿单如同孤儿一样，它们的主人渴望有新的经纪人为他们提供售后服务。我花了十几天时间，顺利地一一上门拜访，把保单计划详尽地讲解了一遍，从而与这批客户建立了良好的关系。我虽然没有马上签新单，但我收获了他们的感谢和款待。其中两个客户同意我过段时间再去拜访他们。

有位吴先生，来自上海，在市西区的安大略湖边开了一间中草药批发门市兼坐堂门诊。我第二次去见他时又把他的保险计划内容讲了一遍。他听完之后很高兴，表示对保单的主要内容更清楚了。交谈中得知他已离婚，大儿子离家出走，身边只有一个在念小学的小儿子。我帮他把他的小儿子修改为保单的唯一受益人。

我告诉吴先生："你每年花 1000 多加元才买 10 万额度的终身保险，其实用同样的钱可以帮你儿子买一份额度为 30 万加元的终身保险。"

"为什么差别这么大？"吴先生问。

"因为保费是根据年龄大小计算的。排除意外风险的因素，年龄大离获得赔偿的时间较短，反之年龄小就离赔偿的时间较长，所以缴同样的保费，年龄越小就能买越多的保险，也就是说能获得更多的资产传承。"吴先生会意地点点头。

我不失时机地建议他现在就给小儿子安排一份保险计划。他欣然同意。这是我从服务孤儿单中获得的第一份收益。

还有一位姓倪的太太，住在烈治文山一个富人区。仔细看完她的保单计划后我心生疑惑：为什么作为家庭主妇的倪太太有保险，而做生意的倪先生却没有？第一次拜访中了解到，倪先生年近退休，身患疾病，已经失去承保的资格，同时他们对自己所购买的保险计划内容也不清楚，当初为他们配置保险的经纪人小方是他们的朋友，这张保单是他们为了帮助刚入行的小方，是人情单。

我把倪太太的保单内容重新讲解了一遍。几次见面后，我们逐渐热络起来。他们育有一子二女，大女儿与女婿在做进出口生意，二儿子和小女儿在上中学。

"我也想买一份保险，可是公司不批。"倪先生遗憾地说，"洪先生你有办法帮我再申请一次吗？"

"我可以试试其他公司，"我回答，"但是可能性不大。因为所有承保的公司对客户的身体条件的要求大致相同。"

我帮倪先生重新申请了，但得到的结果依旧是拒保，即使倪先生表示自己可以增加保费也未能如愿。

"倪先生，这个世界上，几乎什么东西都可以花钱买到，但人寿保险是例外。如果申请人的健康条件不符合承保的要求，花多少钱也是买不到的。"我耐心地向倪先生解释，"因为人寿保险保单一旦生效，哪怕客户只缴了一个月的保费，而遭遇意外或病死，保险公司也必须赔偿保单计划中指定的额度，通常是10万加元以上，甚至几百万。"

"那有病的人就买不到保险了？"倪先生愤愤不平地发牢骚，"那该怎么办？"

"趁着年轻身体健康时早点买吧。"我回答。

"我不能返老还童啊！"倪先生开玩笑地说。

"你的子女现在都很年轻健康，如果现在申请，基本上都会获批的，除非身体有某种疾病。"我把目光转向倪家的下一代。

"既然这样，那就帮我的3个孩子申请吧。"在生意场上奋斗了几十年的倪先生痛快地表示。我终于顺利地签下4张保单，除了3个子女，还有他们的大女婿。

"你太太给你买了保险，给你提供保障，你作为先生，是不是更应该给你太太一个保障呢？"我签完3个子女的申请表，转身对坐在不远处的大女婿说。

"好的好的！"大女婿满口应允。

"你太太申请了20万额度，你申请多少？"我问大女婿钱先生。

"50万吧。"钱先生沉思片刻便爽快地回答。

有了这批从孤儿单服务中获得的新保单，我顺利地以优异的业绩跨入第二个年头。它标志着我的新兵冠军头衔不是昙花一现，而仅仅是未来几十年保险生涯的辉煌起点。

我还从这几张年青一代的保单中得到了另一个启示："年纪轻、保费低"是一个很好的卖点。

带着这个理念，我重返多伦多大学和约克大学的校园，拜访了十几位在校的大陆留学生。我以前接触过他们，他们中的大多数人都是靠奖学金和业余时间打工的收入，维持最基本的生活，手头的现金很有限，所以我之前一直不好意思开口跟他们谈保险。而如今"年纪轻、保费低"这个保险计划特色，促使我下定决心再找他们试试，因为一向节俭的中国人是可以为了家庭的保障每月节省几十元的。事实证明我的判断是正确的。共有5个家庭签了7张单，其中一张保额为5万加元，另外几张的保额在10万到20万加元之间，每月的保费50到80加元不等。他们说："虽然收入低，但这点钱还是能省下来的，用来安排一份家庭保险计划，值得！"

后来的事实嘉奖了他们的这个决定。在20年付费期间，他们总共花费1万多加元，却获得了一张10万加元的终身人寿保险。而且因为我帮他们选择了分红保险，20多年后，累计的分红已达 6000 多加元，到他们 85 岁时预计能达到 9000 多加元，相当于他们缴的所有保费。这意味着，他们年老故去时，除了能获得 10 万加元的理赔外，还能获得相当于全额保费的分红。前几年，这批客户为了感谢我当年的建议，又买了新的保单，包括给他们子女的儿童保单。

接下来，我继续用"年纪轻、保费低"这个保险理念，又成功地销售出几份保单，这几个客户都是做小生意的个体经营者，年收入比较稳定，在 3 万到 5 万加元之间，所以他们申请的保额都是 20 万加元，年保费 2000 多加元。20 年总共缴费近 5 万加元，保额已经从当初 20 万加元逐年增加到现在的 25 万加元，预计他们 85 岁将增加到 30 万加元。如果他们想在 65 岁开始从现金价值中借钱，每年可以借出六七千元加元，相当于年保费的 3 倍，而且不需要每年支付借款利息，而是可以用保单中的红利与现金价值进行抵扣。客户年老故去时，总理赔金会自动扣除所借出的现金及累计利息。

另一位男客户是互联网从业者兼业余武术教练。他购买了一份 20 万加元终身保险，每年保费 555 加元。我笑着称赞他："你年轻力壮，知道给家人买一份保险，是个有责任心的男人！"

"老洪，你先不要夸我。"

那天晚上在他家签完申请表后，他把妻子叫到我们面前，认真地对妻子说："老婆，你知道我为什么要买这份人寿保险吗？"

年轻漂亮的太太用疑惑的眼神看着丈夫，没有回答，似乎不知道如何应对这个突如其来的问题。

"如果我发生意外，你要用这笔赔偿金把我们的女儿带大。不要改嫁！"他严肃地对太太说。

他太太轻轻地哼了一声，起身回卧室了。

我笑着对这个客户说："原来你买保险不是为了太太，而是为了你的女儿。"

"兼而有之。"客户笑着送我出门。

加拿大的中国留学潮与技术移民潮起始于20世纪80年代中期，是我加入人寿保险行业的10年前。早期移民大多已经完成学业并进入工作岗位，但很多是中低收入家庭。其中，比较幸运的家庭是夫妻双方都学有所成，也有不错的工作，家庭年收入会增加到8万加元上下，很少超过10万加元；至于开杂货店、酒吧、快餐店的私营业主，家庭年收入会在5万到10万加元之间；最底层的是纯粹的打工仔，比如餐饮业、小工厂、加油站的雇员，年收入在3万加元左右，夫妻二人收入加起来可能也不到5万加元。

加拿大的人寿保险公司要求保险顾问在为客户制订人寿保险计划时，必须严格遵守以下原则：客户年缴保费不能超过其家庭年收入的10%，通常在5%—10%之间。比如某客户家庭年收入为5万加元，那么年缴保费不能超过6%，即3000加元。由于当时很多中国移民生活水平不高，存款较少，应急资金很少，可能只有几千或一万多加元，所以我通常会建议他们只用3%—5%的年收入，即一两千甚至几百加元用来购买保险，这样他们既有了家庭保障又不会影响他们的正常家庭生活，也不会因为中间某段时间缴不起保费而断单。断单会对客户造成经济损失，因为已缴纳的保费大部分是不能退还的，而且之后若再申请新单很可能需要缴更多保费。

我一直坚持这个原则，从而保护了客户的长远利益，也正因如此，我的工作变得更加繁忙、辛苦，因为我从客户保单中赚取的佣金很少，若要保证自己的基本收入，每年要签六七十张保单才能维持我家庭的生活水准。一年下来，需要约谈四五百人次，平均每天就要见两个人。而为了保证每天至少见两个人，我每年要与七八百人打电话沟通。每周工作7天，每天12个小时，几乎就是我那个时期的常态。

如此紧张繁忙的工作状态，虽然让我有了稳定的收入，却不能帮家人做家务，也不能腾出时间与家人在一起。对女儿来说，爸爸是星星，只能在晚间才能看到，甚至很多时候女儿在晚间也见不到我，因为我见完客户回来时她已经睡下了。

"我必须打破这种困境！"我心中不断地琢磨。

1995年夏天，这种困局终于被打破。一位老乡告诉我，他在国内的一个企业家朋友王先生成功移民到多伦多，听说我对多伦多比较熟悉，想约我见面，听听我对他开拓加拿大市场的看法。

中等身材，白皙圆融的脸庞，戴着考究的眼镜——这位王姓企业家给我的第一印象就很好。他说话慢条斯理，遣词造句很是讲究，而且总是笑眯眯的。他听说我是文人出身，又是福建老乡，也格外亲切、客气。

沏下一壶浓香的福建大红袍工夫茶，我与王先生面对而坐。他移民的主要原因是想解决两个女儿和一个儿子的教育问题。孩子们在小学阶段就移民过来，能够接受比较完整的加拿大教育。王先生在国内是经营畜牧业的，他还希望能把加拿大优质的畜牧养殖业经验带回中国，促进他的企业朝优质的方向发展。我并没有畜牧养殖业的相关知识和经验，但我帮他介绍给了相关的单位和企业。

第二次见面，他请我帮他联系汽车保险经纪人，为他新买的车购买保险。我很快找到一个做汽车保险的朋友帮他上了车险。

"为什么一定要买汽车保险？"我问王先生。

"万一发生车祸，可以由保险公司承担车辆维修费用及受伤人员的医疗费用和生活补贴，把驾驶中的风险转嫁给保险公司。"王先生脱口而出。

"是这个道理！"我立即对王先生强烈的保险意识表示赞赏，同时我补充说："将来你买了房子也需要买一份房屋保险。如果没有房屋保险，银行是不会批给你房屋贷款的。"

"为什么？"王先生很诧异。

"因为一旦发生火灾或地震，房子被毁掉，你还不起几十万上百万的银行贷款啊！"

王先生点点头表示赞同。

"王先生，你的车五六万元，房子也几十万元，都是很大的一笔钱，丢不起啊，所以要用保险保住它们的价值。"接着，我假装随意地问他："你觉得你们家还有什么更值钱的东西吗？"

"好像没有了。"王先生思忖片刻说，"金银珠宝都在国内。"

"真的没有？"我又追问一次。

"真的没有了。"王先生挠挠头说。

"你值多少钱？"我笑着问王先生。

"噢，对了！怎么没想起我自己？"王先生笑着说，"我一年能赚100多万人民币，相当于20多万加元。我今年45岁，至少还能干20年，怎么算也值四五百万加元呢！"

"那这么值钱的你更需要买一份保险。"我笑着对王先生说，"车子和房子都是你赚钱买的。没有了你，它们也都保不住。三者比较起来，人的保险比车子房子的保险更重要、更应该优先考虑，对吗？"

"老洪，你不愧是《人民日报》大记者出身，说出的道理简洁有力，让我无法拒绝。"王先生接下我的话，并向我竖起大拇指，"你下周拿一个保险计划来，我们详细讨论一下。"

给王先生这种拥有一定资产和较高收入的企业家设计人寿保险计划时，不仅要考虑保障需求，还要考虑保险额度的逐年增加，以及未来有可能出现急需现金的状况。

几天后，我带着一份保险计划书第三次面见王先生。

我开门见山直奔主题："王先生，我为你设计的保险计划书将在三个方面帮助你的家庭：一、万一你不幸发生意外身故，那么保险公司会付给你的家人至少 30 万加元的现金，帮你付清 20 万加元的房屋贷款，并且可以获得 10 万加元现金，足以维持家庭三年的开支；二、如果你岁岁平安，要连续缴 20 年保费，你今年 45 岁，要缴到 64 岁，届时你的保单将会有近 8 万加元（相当于你这 20 年缴的全部保费）的现金价值，急需资金周转时，可以将这部分作为抵押借出现金，并且现金价值会逐年增加，在你 85 岁时将达到 30 万加元；三、当你百年终老时，假设是 90 岁，那么你的保额会递增到 50 万加元，如果你此前没有从保单中借过钱，那么保险公司会赔偿 50 万加元给你指定的受益人。"

"听起来真不错，能解决我余生中可能会遇到的所有麻烦！"王先生对我为他设计的保险计划很满意。"这么好的计划每年要缴很多保费吧？"王先生担忧地问。

"你认为这样的计划每年应该缴多少保费？"我先反问王先生。

"说不好。"王先生无以作答。

"从你做生意的经验猜算一下如何？"我鼓励他。

"每年 10000 或 8000 加元总是要的吧？"王先生口中念念有词，过了一会儿，试探性地问我。

这时，我把预先打印好的计划书摊开放在王先生面前，上面第一页写着年保费 4121 加元，20 年付清，起始保险额 30 万加元。

"每年 4000 元就可以买到这样的计划？"王先生将信将疑。

我随即拿出一张永明人寿分红保险的百年投资回报率数据给他看，每年都是正回报，回报率最低 7%，最高 11%，平均 8.5%（近十几年，由于低息环境的影响，平均年回报降至 6.5%）。

"稳定的高回报是这个保险计划成本低的根本原因。"我解释道。

王先生当即欣然签约，因为这份保险计划不但满足了他保护家人的需求，也符合他企业家的身份，能体现他成功者的价值，而且他完全负担得起。

20 多年过去了，王先生吉人天相，岁岁平安。他没有发生意外，也就不用启动这份计划的第一项功能——意外赔偿，但第二项——通过现金价值借款的功能却用上了。到 2020 年时，他的保单现金价值已达到 16 万加元，他从中借出 11 万给他女儿做生意用，以及用来支付购房的首付款。

在追逐热钱的社会环境下，许多金融产品在看似友好和轻易许诺的面纱下藏着不怀好意的居心，常常造成投资者的极大损失。而保险公司的分红保险则充满浓郁的人情味，是有温度的理财产品，不仅有事赔钱，无事也可以从保单中借钱。后来王先生从中国回到多伦多，还特地给我打了个电话，十分感谢当年我为他安排的理财计划，并一再邀请我去他在湖北的一个畜牧养殖农场做客。

王先生的那张保单是1995年8月签的，年缴保费4000多加元，是我之前签的小保单的5倍，这相当于我提高了5倍的工作效率，也开启了我的新征程。

随后我又认识了另外两位移民过来的企业家。赵先生来自中国东北，从事采矿业，他很认同我的理财理念，第二次见面就签了申请表，并且给他的太太和儿子也都申请了，年缴保费5500加元，比王先生的还多。赵先生在缴满20年保费后，三张保单的总现金价值已接近16万加元，他后来从中借出了13万用于支付一栋独立别墅的首付款。

另一位杜先生来自中国香港，是客户介绍给我的。在洽谈过程中，除了运用与王先生、赵先生类似的方法外，我还运用了比较法。杜先生保险意识很强，对险种也很熟悉，全家人在香港都购买过人寿险和重疾险。于是我先了解了他们已有保险的内容，比如保障额度、年缴保费、缴费周期及分红率等，然后我向他们展示了永明人寿的同类保险计划。通过比较得知，加拿大的保险计划的成本比香港的低20%左右。杜先生一家很高兴，马上签了申请表，一家四口一共签了4张。

就这样，连续三位企业家，共计8张保单，把我送上了职业生涯的一个新台阶。

1995年10月，秋风送爽，我满怀愉快的心情，参加全公司一年一度的十月大竞赛。此时我已经不再是新兵了，参加的是老兵组。面对全公司几十名顶尖高手，我深知自己没有夺冠希望，也不敢有任何奢望，只求能有中等水平的业绩就行，第一年的好运不可能重演。在托尼的建议下，我设定的业绩指标是FYC1万加元。

头一周毫无成绩，我的情绪一度低落，绝望中我想起之前认识的一位融资专家张先生。有一次我与一位基金经理喝茶聊天，希望她能介绍几个还没有买保险的客户给我。要知道，保险领域与基金领域的客户虽然并不冲突，但经纪人之间是很少相互介绍客户的，因为客户的资金有限，买了基金就很难有余额买保险，反之亦然；而且保险经纪人认为保障是首位，基金经理却认为投资第一，大家的风险理念是不一样的。我的那位朋友犹疑一会儿，说："好，我给你介绍一个，我也刚认识不久。他姓张，刚从北京来到多伦多，是做融资和公司上市的。"

我还没来得及说声谢谢,她就挑战似的对我说:"蒂姆,你要是能让他买保险,那我就彻底服你了!"

"此话怎讲?"我不客气地反问,"既然很难做到他的生意,你何必介绍给我?"

朋友满脸通红地回应:"既然你开口了,总得应付你一下,否则也对不起你的下午茶。再说,金融界的同行们都知道你很厉害,入行第一年就得了全省新兵冠军。高手碰硬钉子才有好戏看!"

张先生果然是金融投资界的高手,第一次见面就滔滔不绝地向我讲述他如何在国内融资,准备推动国内一家航空公司在多伦多证券交易所上市,随即拿出一大堆文件给我看。我明白他的意思,希望我帮他融资。他知道我曾是人民日报社的记者,在多伦多保险行业颇有名气,也很乐意与我交往。我们来往了两三个月,但他对我提议的保险计划始终不置可否。我决定再次约张先生,碰碰运气。

因为有段日子没见了,刚一见面他就兴奋地告诉我他已经融到150万加元,那家航空公司上市的步伐正在加快。我照例大大地夸奖他一番。

"蒂姆,我融的资金都是好朋友的,我是一个讲究义气、勇于负责的人,绝对不会把朋友的钱亏掉的!"他信誓旦旦地对我说。

"老张,我相信你是个讲义气负责任的人。"我马上回应,"你有能力、有本事做成这件事,你是赚钱的高手,一定会帮朋友赚到钱的!"

"蒂姆,你也对我有信心?"张先生很高兴我对他的肯定。

"我对你的能力有信心。"我接着很肯定地说,"只是……"

"只是什么?"张先生有点急切地反问。

"你每年在飞机上待多长时间?"我笑着问他。

"至少飞10次,中国、阿联酋、美国。"张先生掰着指头算了算。

"像你这样满世界飞来飞去,万一有意外发生,你如何保障你朋友资金的安全?"我慢条斯理地问。

"也是啊!我怎么没想到这点?"张先生责怪起自己来,"蒂姆,你是做保险的,有什么保险计划可以应对这种风险?"他主动问起了保险。

"办法只有一个,把这种风险转移给保险公司。"我说。

"好主意,你明天就拿一份方案来。"张先生催促我道。

第二天，我带着一份100万额度的终身分红保险，外加一份150万额度的20年短期保险计划书，又去见了张先生。

"150万是用来支付你朋友的投资本金；100万是用来保护你的太太和女儿的。"我对张先生解释设计这份计划书的两个目的。

"这个计划确实能解决我的担心和顾虑，能帮我抵抗意外风险造成的损失，尽我作为父亲、丈夫和朋友的责任。"张先生高兴地说。"问题是，这么好的保险理财计划，成本会很高吧？"张先生不无担忧地问。

"你的年收入20多万，拿出10%也就是两万多，会影响你的家庭生活水平吗？"我先询问一下张先生。

"这倒不会！"张先生爽快地答复。

"这个计划的年保费差不多是你年收入的10%，2.8万加元左右。"

"这个比例合理。"张先生点点头。

在太太的支持下，张先生毫不犹豫地签下了申请表。

"蒂姆，你真行！"张先生反倒夸奖起我了，"从来都是别人交钱给我去投资，你第一次说服我把钱交给你们公司投资！"

当我把张先生签单的事告诉做基金的朋友时，她惊讶地反问,是真的吗?我肯定地告诉她是真的。

"蒂姆,你太牛了!"说完这句话她就把电话撂下了。

这张年缴费 2.8 万加元的保单,以 FYC13928 加元的额度成了分公司最大一张单。大竞赛结果公布了,我不仅获得了分公司乃至安大略省的最大单奖,还以全月总 FYC22276 加元的成绩进入全公司老兵队的销售领军人物名单,并且成为以公司第一任总裁罗伯逊·麦考利(Robertson Macaulay)命名的麦考利俱乐部(Macaulay Club)成员。能进入这个俱乐部的都是公司最优秀、最聪明的顶级保险经纪人。之后连续 8 年我都获此殊荣,直到 2003 年取消该俱乐部为止。

人寿保险行业是极具挑战性的行业。它伴随着太多的伤心与绝望,淘汰了无数从业人员,当然也充满了机遇,造就了成百上千的金融才俊!

从张先生的办公室出来,我没有直接回公司办公室递交申请书,而是把车停在途中的一家咖啡店门口。它不是类似星巴克那样的大众连锁咖啡店,而是一种专门为中产阶层提供现磨咖啡及新鲜蛋糕的咖啡馆。进去之后,我选了一个靠窗的角落坐下,那里不会被陌生人打扰。刚一坐定,年轻漂亮的女服务员就走过来热情地招呼我,她先递给我一小杯凉水,然后问我需要什么。

"一杯黑咖啡,加一份巧克力芝士蛋糕。"我告诉服务员。

那是一种有着浓郁奶油的蛋糕,分层的芝士和巧克力慕斯,点缀着巧克力薄片,无比美味!

此刻的我,需要用强烈的苦味来刺激我的中枢神经,用以消除疲劳,也需要用浓郁的甜味犒劳味蕾、鼻腔和肠胃,来回应我的兴奋和激动。

我先喝一口凉水,清洁口腔。要知道,每一杯咖啡的原料咖啡豆,都要经过五年的生长才能结出,还要经过采收、烘焙等繁杂的程序,再加上咖啡师的悉心调制,才能送到客人口中,来之不易啊!就像我今天的这张大单,也是来之不易啊!

盛放咖啡的杯碟是特制的,放在我的右侧,杯耳指向右方。我用右手拿着咖啡杯的杯耳,左手轻轻地托着咖啡碟,慢慢地移向嘴边轻啜。然后我放下咖啡,用小叉子切下一小片蛋糕放到嘴里慢慢品尝。喝一口咖啡、品一口蛋糕,再喝一口咖啡、再品一口蛋糕……我在苦与甜的交替中感受着它们对我味蕾的不同刺激。在长达 20 分钟的时间里,我感受着这种苦与甜的强烈对比,并回忆着签这张大单的曲折过程,这给了我过往保险生涯乃至人生中的最完美的体验。

此后的 20 多年中,每当我签到大单,都会用这种方式,让自己安静下来，反复体验苦与甜的交替怎样达到了最美好的境界！无论遇到什么样的挫折，我都能勇敢面对，如同喝一口黑咖啡；而无论获得什么成就，我也不会飘飘然不可一世，因为我知道，品尝完蛋糕的香甜浓郁后，下一口体验的将是咖啡的苦涩。

> 保险投资行业注重的是人与人之间的相互信任关系。专业可能会过时，资本也可能贬值，但人与人之间的联结是可以一直延续下去的，而诚信与专业则是黏合剂。

第5章
矛盾中破局

在苦与甜的交替中，我日复一日、年复一年地谱写着保险生涯的新篇章。我的客户在逐渐增加，但我永远不知道潜在客户在哪里。这是一场每天都要寻找新目标的战斗，辛苦而茫然。这样的日子持续两三年也许可以承受，但若作为终生职业，却叫人不寒而栗！

如何让客户源源不断？我开始认真思考这个问题。

保险行业中许多高手的经验是通过转介绍，即由现有的客户把他们的亲人、朋友或同事介绍给我们。问题是，如何让客户乐意做转介绍？

有一次，客户介绍我去多伦多大学见一位即将毕业走上工作岗位的王先生。签完申请表后，王先生拉开办公桌左边的抽屉，取出一本名片夹。我以为他是要把我的名片放在夹子里，以便随时联络我。他确实也这样做了，但出乎我意料的是，他不是把我的名片放在名片夹后面的空格里，而是直接翻到第一页，把原先放在那里的第一张名片抽出来放在桌上，然后把我的名片放进去。

我满脸惊讶地望着他。

"洪先生，以后万一我发生意外，我家人首先要找的人就是你了。"王先生抬起头严肃地对我说。

"我知道我的责任重大，绝对不会辜负你对我的信任！"我紧紧地握住王先生的手。

我下楼走进自己的车里，没有马上发动，而是坐在驾驶座上陷入了沉思：我，他首先要找的人。因为这张保单，我这样一个原本对他们家庭来说完全陌生的人，立刻变成了他们最重要的朋友，甚至可以说是亲人。这似乎是不可思议的。

我思绪万千，不想立刻开车上路，索性从车里走出来，站在停车场上。

我抬起头遥望无际的天空，几朵形状各异的云彩悠然自在地飘游。呆望一会儿，我慢慢地把有些僵硬的脖颈调整到正常的位置，放眼四周，成百上千的行人来去匆匆，各式各样的车辆穿梭奔跑。人人都在为生计忙碌着，但有多少人能主动找保险经纪人为自己买一份保险？他们甚至都不舍得给自己5分钟放松的时间，抬头仰望天空中自由自在的云彩，或者停下车去咖啡厅给自己一点海阔天空的想象空间，有的人即使需要一杯咖啡提提精神，也是驾车驶进取餐通道即取即走。

对照眼前这一切，我对王先生肃然起敬，同时很快醒悟过来，又一次真正明白了我的职业不是一般的谋生职业，而是一个有着特殊意义的神圣职业，我们保险经纪人是客户生命中的贵人，我们身上系着所有客户万一发生意外时需要安排家庭生计的重大责任。这与其他职业不同，比如，地产经纪人在买卖完一栋物业后通常不再承担相关责任，与客户的关系也可以断掉，但是保险经纪人绝对不可以这样。保单一旦生效，我们便要为客户和他的家人服务一生：提醒他们按时缴保费、更改家庭住址、更换受益人，每年重新讲解一遍保单计划的内容……直至客户故去，我们要去参加追悼会，并且向公司相关部门递交理赔手续，理赔金获批后，还要去客户家里，亲手送上大额理赔支票，协助他们安排后事……在我们漫长的职业生涯中，要同数以千计的客户保持如此密切的联系，这是一份何等神圣的职业啊！

王先生放置我名片的举动,还让我深切体会到客户对我们保险经纪人的殷切期盼,我们不能轻易改行,必须把保险经纪工作作为终生职业,为他们服务一辈子,一旦涉足人寿保险行业,就没有退路。我会尽我所能为客户制订最适合他们家庭财务状况及实际需求的保险计划,尽我所能为他们做好每一次服务。同时我会非常诚恳地告诉客户:你们希望我能为你们服务一辈子,我希望你们能够为我转介绍你们的朋友或同事,我有源源不断的客户,也就能一直做下去了。

发动汽车,我带着万千思绪回到了公司。

唐人街,是几乎所有来自中国大陆的移民最先落脚的地方。多伦多的唐人街是全球最大的唐人街,这也许与当年大批华工修建贯穿加拿大东西全境的铁路有关,也与20世纪七八十年代大批中国香港人拥入多伦多密不可分。据史料记载,第一个落户多伦多的中国人是1870年来唐人街开洗衣坊的广东客家人。在这个以广东话为主要交流语言的独立王国里,中餐厅、制衣厂、洗衣坊、百货店鳞次栉比,各种小贩的吆喝声在街头此起彼伏。它的嘈杂、混乱甚至贫穷,与多伦多这个加拿大最繁华的都市形成巨大的反差。也正因有这样一个地方,那些贫穷的早期移民才能够在这里生存下去。巧合的是,加拿大最著名的高等学府多伦多大学也离唐人街不远，只隔几条街道，于是来自中国大陆的就读于多伦多大学的贫穷留学生也与唐人街融为一体。早期移民经营的杂货店、餐厅、酒吧也分布在这个地区的周边地带，于是这块贫民区便成为我从业最初几年的客户来源地。

除了前面提到的几位餐厅老板及少数几位企业家以外，我最初几年的客户大都居住在唐人街及周边的旧区，他们是加拿大收入较低的群体，我售出的每一张保单的保费金额都是很低的。贫困的客户群如何促生出顶尖的销售高手？这个矛盾的问题在当年对我来说是个巨大的挑战。

如果保费低，那么客户数量就要多，以多取胜！而要做到这点，一是我要勤奋，每周工作7天、每天工作10个小时；二是我要有来自客户的源源不断的转介绍。

最先乐意这样做的是我的一批福建老乡。他们大多是20世纪90年代中后期陆续从福州及周边城镇来加拿大的，男性通常在餐厅或工厂打工，女性则在制衣厂加工服装。他们的收入不高，两口子的年薪加起来五六万加元，通常生活节俭，也乐意加班。他们大多租住在租金便宜的地下室，一间20多平方米的狭小空间里，摆放着别人拍卖甚至免费捡来的旧床，墙角摆一张旧写字桌，桌子上只有一个角落可以放电脑，因为上面还杂乱地堆积着各种物品，整个房间散发着潮湿发霉的味道，厨房是几家共用的。这些房子通常没有空调，闷热的夏季里，人刚坐下来几分钟就开始冒汗，身上的衬衫也很快湿透了。

生活在如此艰难的环境中，每天要辛苦地坐公车上下班，他们为什么还会心甘情愿地听我讲人寿保险，并且几乎都是第一次见面就签单呢？我签完申请表后，不禁与他们深入地聊了聊天。原来他们有着共同的家庭观念：无论如何艰辛劳苦，都不想在自己发生意外时让伴侣和儿女无依无靠，陷入生活困境，也不想自己在百年后给子女增加料理后事的负担，还要尽量为子女留下一些财产，留下一点念想。他们更希望第二代不用像他们一样从零开始，而是能有一定的财富基础，以完成代代传承的责任。这种强烈的传统家庭观念，正是这群文化程度不高的普通中国人不惧万里辗转，克服千辛万苦来到加拿大谋生的强大动力。

电影《教父》中，教父的人生观是：一个男人的责任，一是要尽量去做事赚钱；二是要照顾好自己的家人。我的这群福建老乡可能无法与教父相提并论，但他们的行为让我联想到教父。那时的我，同他们并无二致，也在困境中挣扎，思考着如何在异国他乡尽一个男人的责任。他们不仅给了我业绩，而且赠予我在艰难行业中前行的精神食粮。

施先生夫妇最先成为我的客户。他们每人各购买了10万额度的终身分红保险，年缴保费约2000加元，占他们年收入的4%。施先生说："即使我有意外发生，也不愿意把老婆孩子推给政府，我更不想丢中国人的脸！"

之后施先生把做装修的阿林介绍给我。阿林说："有事没事我都不想依赖政府。虽然装修很辛苦，但每月多干10个小时就能多挣100多加元，也就能付保费了。"阿林几年前退休了，他对儿子女儿说："谁每月给我500加元生活费，保单的受益人就是谁。"

阿林给我介绍了毛师傅。毛师傅平时开车给超市送货，说他这个行业风险大，更得买一份保险。毛师傅又给我介绍了陈先生……我的这些客户之间，也会相互询问对方买了多少保额，买的什么产品，每年缴费多少，要缴几年，等等，所以他们几乎都买同等保额的产品，在同一个计划下，保费也差不多，因为他们当时的年龄也都在40岁左右。这批保单虽然额度小，但是做得很轻松、很愉快。积少成多、细水长流。那几年，几乎一直有他们给我的转介绍。

20多年过去了，我的这批客户大多在多伦多北部士嘉堡市买了独立屋，银行贷款也都付清。当年花二三十万买的物业现在价值已过百万加元，他们都成了百万富翁，他们的子女也已完成了大学教育进入主流社会工作，有医生、律师、银行职员等，有些人的二代甚至三代也先后成了我的新客户。回想与他们相识相处的漫长岁月，我感谢上天对我们这些同胞的眷顾，我和他们一起成长，一起在这块陌生的土地上站稳了脚跟，安家立业。

我的另一条转介绍渠道是早期移民来的企业家。他们在中国改革开放初期获得了一些改革红利，移民加拿大多半是为了子女的教育，他们希望通过西方的教育给子女开辟一条出路。

来自北京的付先生为他们夫妇及独生子都安排了终身分红保险，之后还很热心主动地介绍他的熟人——来自北京的洪女士给我认识。在朋友圈内，这位人称"阿洪"的女性企业家是位单亲妈妈，带着当时念小学的儿子来加拿大创业。她热情泼辣、直率能干，在北约克区开了一家咖啡店。我们刚一见面她就隔着柜台扯着嗓子冲着我大声打招呼："老洪，你先坐下来喝杯咖啡，等我忙完这几个客户就过来。"全然不顾店里坐着的十几个当地人投过来的惊愕的眼神。

十几分钟后，她坐到我的对面，又是没等我开口，她就滔滔不绝地说开了："老付给我介绍你的情况了。人寿保险我指定是要买的，我要是有意外发生，儿子在加拿大无依无靠，有一份人寿保险理赔金能让他顺利念完大学、参加工作、生活自立。你也姓洪，几百年前咱们是一家，我也不找别人问东问西了，你就帮我安排一个合适的计划就行了。"

她告诉我她当时的年收入在 5 万加元左右。

"你希望万一发生意外事故，保险公司赔偿多少金额可以如你所愿地帮助你儿子长大成人？"我首先问阿洪。

"读书加生活，每年少说要 5 万，按照 20 年计算，100 万加元合适。"阿洪口中念叨着。毕竟是生意场上的人，算得明白干脆。

"你这个年龄，买 100 万额度的终身保险，年保费最低 2771 加元，最高 4000 多加元。"我计算后告诉阿洪。

"最低和最高有什么区别？"阿洪问。

"最低保费的话，100 万保险额终生不会增加，当然也不会减少；最高保费的话，保险额从 100 万开始，以后会逐年增加，根据保险公司历年来的平均红利计算，20 年后大约会增至 120 万，你 85 岁时会增至 150 万。"我用几组数字明确地回答她。

"这样，老洪，我的生意才开张一年多，虽然目前看起来还不错，但终究还是没有底数。保费要缴 20 年，我得有把握连续付，不能中间掉链子，既造成损失也丢了脸面。今天我先签最低保费2700多的，以后赚钱多了再追加保单也不迟。"阿洪果断地作出决定。

多年来我们一直保持友好来往。她的朋友多，逢人便说："你们谁买保险就找老洪，他很靠谱，会根据你的实际财务状况和需求给你选择最适合的产品。他不会忽悠你，更不会误导你。放心吧，你们都听我的。"俨然就是老大的口气。也确实如此，周围的人都听她的。她的几个朋友也陆续成了我的客户。阿洪后来回国一段时间，继续打理原先的生意，没有机会加保，但她主动找我为她的儿子安排了终身人寿保险和重疾险。

在一次华人社区的活动现场，我认识了刚从日本移民到加拿大的华人陈先生。陈先生有很强的保险意识，当场就同我约了下次见面的时间。陈先生夫妇均是中日英翻译专家，男士温文尔雅，女士文静礼貌。作为文人的我，与他们相谈甚欢。见面的三个小时中，有两个小时都在谈文化和文学，以及中国、日本与加拿大的文化差异。真正谈保险的时间也就半个多小时，意向就确定了。

随后不久，陈先生介绍了同是从日本移民来的邹先生和何先生。邹先生从事中加贸易，一年中有十几趟空中飞行，深知人寿保险对他和家人无比重要，我们见面时他已经把保额都想好了。在选择险种时,他挑选每年用红利增加保险额的终身分红保险。他说,这种产品能够对抗通货膨胀,多缴点保费是值得的。何先生是一名互联网从业者,他选择了与股市相关的有一定风险的万能投资保险,而她太太则选择了回报十分稳定的终身分红保险。他笑着对我说:"这两种选择能够比较灵活地安排每年的保费(万能投资保险的年缴保费不是固定的,有最低金额与最高金额之间的选择)。"我心想,从事互联网工作的人精于数字计算,他一定希望,无论是公司红利还是股市回报,都能在他选择的保险计划中得到实现。

我的会计师在帮我报税时介绍了他的研究生同学陈先生。陈先生也是移民过来的企业家,在多伦多士嘉堡市经营一家中文书店。

"洪大哥,非常欢迎你来我的书店做客!"一见面,陈先生就热情地打招呼,尽显东北人的好客和豪爽。他曾在国内的银行系统工作,所以我们在保险投资方面有许多共同话题。由于他比我年轻十几岁,又主动称我为大哥,所以之后我就一直称呼他为小陈。我告诉小陈,我认为金融投资长期合理的年回报率应该是在6%到8%之间。他非常赞同我的观点。那些号称年回报率有百分之十几、二十几的产品,短期内可能是存在的，但从长远看是没有保障的。这个共同的观点促使小陈很快下决心买了一家三口的分红保险和万能投资保险。这份分红保险的历史年回报率平均在7%左右，而当时的北美道琼斯工业指数和多伦多证券交易所综合指数也在6%到7%之间。十几年后，小陈成了我们地产贷款投资公司的主要股东之一。这个投资公司也是以6%—9%的年回报率为目标而成立的，它在长达10年的运作中，年回报率稳定在8%左右。

保险投资行业注重的是人与人之间的相互信任关系。专业可能会过时，资本也可能贬值，但人与人之间的联结是可以一直延续下去的，而诚信与专业则是黏合剂。钱从自己的辛勤劳动中获得，也是从人与人之间的联结中获得。这个转介绍链条一直帮助我走向一个又一个销售高峰。

在一个关于"新移民如何创业"的论坛上，我认识了赵先生，他移民加拿大后开了一家快速切割机加工厂。会后他主动约我去他的工厂，向我介绍他是如何在加拿大创业的。他在国内从事的就是这个行业，到了加拿大后重操旧业，所以驾轻就熟，很快上了轨道，业务也很稳定。他的经验是，在异国他乡的新环境中不要贸然从事自己不熟悉的行业。我们很快就谈到了人寿保险计划。他说，加拿大给了我们新的生存空间，我们中国人当然应该自强不息，即使有意外发生，也应该靠自己而不是把家人的未来推给政府。他签了一份比较大额的保险计划。20多年来，即便他后来又回国创业，把加拿大的业务交由他的女儿打理，他也一直坚持付完20年的保费。他的保单中的现金价值已经是他20年所缴全部保费的1.5倍，随时可以借出来用作投资。赵先生每次从国内来加拿大，都会到我的公司坐坐，谈生意、聊人生，也一再感谢我给他安排了一个非常好的人寿保险计划。

付先生与我住同一个小区，我们是在住户年会上认识的。他从事进出口贸易，收入稳定，不仅第二次见面就签单，还提前预付了10年的保费。他说："我们中国人无论走到哪里都有能力生存发展，加拿大有好的自然环境和社会制度，资源丰富，很适合开展与中国的双边贸易，我们当然应该努力工作创业，主动缴税。有了一份保险计划保障家人，传承资产，我们才能心安理得地在这块土地上快乐地生活，去世后也无愧于后人。"由于永明人寿保险公司分红保险的投资回报十分稳定，即使经历2001年的"9·11事件"与2008年的金融风暴，以及2010年后的低息环境，投资回报率也保持在年均6.5%左右的合理水平。付先生在缴纳完20年的保费后，利用保单的开放式付费功能，又选择继续支付保费，追加投资。在保单第 25 周年时,保额已经增加了 40%,现金价值是所缴全部保费的 1.5 倍。他说他会选择付终身保费。当他到 85 岁时,保额将是签单时额度的 2 倍。我自己也有一张与付先生同样额度的分红保险单。

"早上好!"在加拿大,当你走在路上迎面遇到一个人向你问候时,他并不一定是你的熟人,大都是陌生人。"因为加拿大人热情友善。"我认同这样的解释,但在这个国家生活久了,我逐渐感觉到,热爱生活,相信并关心周围的一切——无论是亲朋好友、同事,还是陌生人,甚至自然界的各种小动物,才是多数加拿大人的天性。我明白了这一点后,无意中居然促成了不少生意。

有次在商场买西装,我旁边的一位中年男士也在挑选西装,我便热情主动地跟他打招呼,他也高兴地回应我,我们互相讨论、试穿,都很高兴地挑选到了满意的西装;我在中国超市买完菜去排队付款,站在我前面的一个人也来自北京,我们一边排队一边聊天,还互相介绍各自买了些什么;在从北京飞往多伦多的航班上,左右邻座是一对 50 多岁的夫妻,我主动提出调换座位好让他们坐在一起,并且一路聊天,增添了不少乐趣。这三个家庭、四个人都先后成了我的客户。

热爱生活，热爱你遇到的每一个人，热爱大自然的所有动物，热爱每天清晨升起的太阳与夜幕降临后的月亮，你就能在自己的领域里走向成功！

1997年夏季的一个傍晚，我站在位于多伦多市中心金融街的永明保险公司大楼顶层餐厅朝南的落地玻璃窗前，俯瞰不远处波光粼粼的安大略湖。由于我连续三年成为麦考利俱乐部成员，加上我入行第一年就获得了十月大竞赛安大略省的新兵冠军，第二年又获得了十月大竞赛的最大单奖，公司销售部总裁马克（Mark）邀请我来这里共进晚餐。这是全公司所有销售人员都梦寐以求的殊荣。我的销售经理托尼陪我前往。

席间马克好奇地问我："蒂姆，你的客户中有金融街的律师、医生、注册会计师或者上市公司的高管吗？"

"一个也没有。"我笑着说。

"那你怎么能做出如此好的业绩？"马克惊奇地问我。

"我在金融街虽然没有一个客户，但是我的客户却都离金融街不远，确切地说，在金融街周围。"我笑着对马克说。接着我详细地告诉他，我的客户都在金融街西边的唐人街以及西北方向的多伦多大学，加上金融街周边的杂货店、咖啡馆和酒吧。

"这是中国人特有的战术吗？"马克幽默地问。

"因为文化的差异和语言的隔阂，我目前只能做他们的生意，虽然他们暂时不会成为金融街的精英。"我如实相告，"但是他们的下一代一定会的。"我肯定地补充道。

"蒂姆，也许你想不到我会请你来，又为何请你来。"马克继续对我说，"我们公司的华裔销售员（当时有90%是来自香港地区的经纪人）的新单销售总额已经超过全公司的20%！而你是这些人中的佼佼者。"

在一个以英国人、法国人为主体，以意大利人、葡萄牙人、希腊人等欧洲人为主要移民群体的加拿大，中国人口只占不到10%，然而我所在的公司，却有超过20%的销售份额来自中国人。这就意味着，多伦多的华人所拥有的现有资产和未来遗产是当地人人均资产的2倍。

用过餐后，我独自站在玻璃窗前遥望安大略湖，思绪万千。

我的父辈中，伯伯与叔叔都曾漂洋过海去东南亚谋生。他们都没有挣到多少钱寄回家乡，最终还客死他乡。而我们这一代移民到加拿大，不仅生根发芽，而且不断伸展枝干，长出绿叶。我们积累了自己的财富，可观的财富。尽管我们很少有人在金融街工作，但我却可以在金融街的顶级餐厅与公司高管共进晚餐。我身上肩负着华人同胞的资产管理的重任。在我写这本书的时候，我 20 年前的客户的下一代已经以优异的成绩完成各名牌大学的教育，成了加拿大各大公司的雇员或高管，活跃在法律界、医学界、金融界以及各级政府部门，初步完成了华人融入主流社会的历史任务，他们中不乏我的新客户。

> 从他身上我看到了自己的弱点：我的状态过于紧绷，貌似努力高效，实则缺乏节奏；每天东奔西跑，疲惫不堪，却少有成交。于是我开始思考，能不能同时和十几人甚至二三十人见面呢？

第 6 章
开放式讲座

如同一艘经历风暴后平稳航行在浩瀚大海中的轮船，我的业绩年年稳步推进，一年一度的总裁奖杯接二连三地来到我的办公桌上。毫无疑问，我已经在这个九死一生的行业里站稳脚跟，稳步发展。不只我有这样的感觉，我的经理和老板也已习惯了我的稳定业绩，再也不催问我的市场开拓计划以及每月预定的销售目标。

然而，这种平静的日子却被一个突如其来的风暴残酷地打乱。

1999年夏天，加拿大的各大主流媒体发布一则保险行业的爆炸新闻：一批保险客户联合起来，委托某律师事务所状告几大保险公司，其中包括我所在的永明人寿保险公司。起因是，这批客户在1990年前后购买过一款终身分红人寿保险，根据当时的平均回报率，预计缴费17年，但是保险公司后来通知客户，由于近些年债券利率降低等因素，客户保单的缴费年限要延长3~5年。

实际上，这款产品的保险合同特别注明，付费17年是根据这款产品以往的历史平均回报率（8%）估算的，只是估算，而不受担保。合同中特别注明：如果回报率降低了，客户缴费年限可能会比17年长。然而律师与客户认定，这个条文没有写在合同最明显的地方，而是混杂在厚厚的文本里，客户很难注意到，而且不少保险经纪人在销售该产品时也没有特别提醒客户这个风险。

我入行不久，面对这样的行业诉讼显得惊慌失措；经理托尼告诉我，他从事20多年保险工作也是头一回碰上；老板迪特尔也惊讶地说，公司成立100多年来从未发生过这种事。

让客户多付3~5年的保费，我该如何面对他们呢？

在诉讼过程中，公司给经纪人的资料只有投资回报率下降的原因分析，但是有些客户并不愿意听公司的解释。他们说："回报率低是你们公司的事，我们客户不承担多付保险费的责任。"

此时的经纪人被夹在公司与客户之间,成了两头受气的小媳妇,十分难受!许多经纪人躲起来不见客户,任由事态不断演变、恶化。有的客户愤然断单,有的客户则无可奈何生闷气。

我关在办公室里重温保险行业百年来产生和发展的历程,以及相关的金融知识,想出了一套主动与客户沟通的客观合理的理论和方法,并灵活运用我学到的保险知识,成功地让客户理解并接受了这个事实。

我对客户说:"除了人寿保险,你们都有房屋保险和汽车保险,这两种保险都是需要每年支付保费的,一直付到出售房屋或停止驾驶,而不是只付几年、十几年。你们通常都会住在自己购买的房子里直到去世,你们也都会开车直到七八十岁,也就是说你们要终身为房子和汽车付保费,你们习惯了,也从不对此有任何抱怨,而且你们所付的全部保费是不会退还的,除非房子被烧或发生交通事故,才会得到赔偿,房子被烧的概率很低,发生交通事故的概率稍高一些,但是一旦产生理赔,下一年的保费便会立刻增加。对此你们也习惯了,甚至毫无怨言。而你们买的人寿保险,从原先预估的17年,仅仅延长到20年或22年,虽然多付了几年,但毕竟还是有年限的，并非付终身。而且人去世时一定会获得一笔比所付全部保费多好几倍的赔偿金。这是一种只赚不赔的金融计划，比起要付终身而且不一定会获得理赔的汽车保险和房屋保险，不是更公平合理吗？

当时我的客户大都30多岁，他们购买10万额度的终身分红保险的年缴保费大约1000加元，即使付22年也就是2万多点，相当于理赔金的1/5。按照加拿大政府税务规定，人寿保险理赔金是免税的。分红保险还有一个好处是每年都有红利，可以用来增加保险额度。按照加拿大人的平均寿命计算，客户到了85岁时，用历年增加的红利再购买的保险的额度，已接近甚至超过其20多年所缴的全部保费，这相当于除了赔偿10万元之外，还把所有保费也都退回给客户了。这么公平合理，甚至可以说好得不得了的金融理财产品，还需要抱怨吗？

我的解释和说明，获得几乎所有客户的理解和认同。我战胜了这次危机！

后来我把这个销售概念称为"成本论"，用它来告诉客户：你的每一份保单都必须付出相应的成本，而这个成本必须合理，不能要求便宜、再便宜。许多客户关心的是我缴了多少保费，希望缴得越少越好，却不去想将来公司要赔偿给他的受益人多少。有了"成本论",客户也就心平气和地接受了缴费年限。在公司后来的团队培训及行业经验分享中,我的"成本论"被同行们广泛运用。

我办公室右邻是一个60多岁的印度移民。他对这场诉讼一直不闻不问,连总公司的说明会也不去听。我到他办公室串门聊天时,他还眉飞色舞地告诉我,他又要离婚了。

"第三次了吧?"我疑惑地问。

他点点头,叹了口气说:"又要破产了,又得努力做新生意了。"

谈到这场诉讼会不会影响他的新生意,他漫不经心地笑着对我说:"不会的。"

"为什么?"我问他。

"我一开始就告诉客户,终身人寿保险计划是要付终身的。我从来不谈停付保费的事。"

"为什么?"我追问。

"因为终身人寿保险计划不仅有终身保障功能,还有每年用红利增加免税保额和逐年累积缓税现金价值的投资效益。年龄越大,手头的现金会越来越多,买新的保单太贵,就在原保单上继续缴费是最聪明的理财方案。"这位老顾问慢条斯理地说出他对终身分红保险的理解。

我恍然大悟，为自己专业知识的不足汗颜不已！

有了对保险计划的新理解，我再次与客户交流，不仅消除了大多数客户的疑虑，还成功引导一部分客户在原计划停止缴费的时候，心安理得地继续缴费。因为他们真正明白了，每年缴费是在为自己累积更多的退休金、增加传承资产，并不是向保险公司多缴保费。换句话说，保费是留给自己的，是存入自己的保险户头，如同存入自己的银行账户一样的，而不是交给保险公司。这个颠覆性的观念，彻底改变了客户对付费年限的有限理解。我的几位客户跟我一起坚持缴保费到现在，已经26年了，并且计划缴终身。事实证明，这确实是把终身人寿保险计划的稳定增长与复利效应发挥到了极致。下面是我的第一张保单的相关数据：

入行第一年，我给自己买了一份终身分红保险。那一年我48岁，保额10万加元，每年保费1602加元，预计缴费17年，后来因为公司资金池投资回报率从以往的历史平均水平8%降低到7%，缴费期限需要延长3年至20年。当我彻底明白终身人寿保险最好的选择是终身付费时，我坚持付到现在，长达26年。这样做的效益非常明显：保单的保额已经增加到15万加元，现金价值6.7万加元，已超过我付的总保费4.1万加元。按照男性平均寿命85岁计算，这份保单的保额会达到20万加元。如果我在65岁时重新买一份10万额度的终身人寿保险，那么每年的保费将是我原来保费的2倍。

我的一位邻居在1996年买了一份15万加元额度的同类终身分红保险。在保单生效20年时他打电话给我，跟我讨论是否继续付保费的问题。我把我对终身分红保险的理解和自己的做法告诉他。他听从我的建议一直付费到现在，他的保额已经增加至近22万加元，总现金价值近9万加元。他每年的保费是2256加元，24年一共要付5.4万加元，只占现金价值的60%。也就是说，他现在随时可以把所缴的全部保费借出来用。

"洪先生，感谢您多年来的良好服务及专业建议！我坚定地相信您为我提供的保险计划将对我的遗产安排与退休计划发挥积极有效的作用。"这位客户在一次来信中表达了他对我的高满意度和感激之情。

前不久一位客户打电话约我见面，请我把她家的四张保单一一进行检视。她购买的是另一家大型保险公司的同类分红保险。其中，2008年时她为新生子购买了一份15万加元额度的终身分红保险，每年保费1922加元，她在保单允许的范围内选择每年多缴606加元，而且保单到了可以停缴保费时，她也坚持一直缴费。如今这份保单的额度已达到60

万加元，与2008年购买这份保险时公司的预期数字非常接近，这是由于长期稳定分红和复利滚动效应。

她对我说："洪先生，我已完全相信保险公司的资产管理能力和对客户的诚信，我会一直坚持缴下去。"她是一位成功的企业家，深知复利效应的影响。她当场给自己加保一份200万加元的终身分红保险。当时50多岁的她选择的付费年限不是10年或20年，而是终身。

多家公司经过几个月的谈判，最终与客户所委托的律师行达成和解：增加缴费年限所产生的费用，由保险公司和客户各承担一半。之后一年，这几家保险公司陆续上市，他们把多年累积的利润以派发股份的方式回馈给这批客户，股份多少根据客户所缴保费总额而定。这样一来，客户分到的股值大约相当于3年的保费，也就是说，可以将这些股票套现用以支付3年的保费。而那些对保险公司有信心的客户则把这些股票保留至今，他们不但每年会获得3%~5%的红利，而且到如今股价已经涨了近5倍。

一年多的诉讼最终以双方和解收场。风波平息下来，多家保险公司也渡过了难关。

危机之后，我的业绩继续成长，然而我所在的分公司却出乎意料地关门了。

永明人寿，从1865年成立至今已有一百多年的历史，管理总资产超过1万亿加元。我所在的分公司是家族企业，20世纪中期由一位欧洲移民创立，80年代传给他的二儿子迪特尔（我的老板），大儿子彼得则继承家族几十年累积的客户资源，成为公司的大牌经纪人，以稳定的业绩支撑公司业务。分公司的所有费用都是由总公司承担的，包括办公室租金、员工薪水、行政开支，以及分行经理的薪水。同时，总公司要求，分公司必须完成每年指定的销售目标。遗憾的是我所在的这家分公司业绩多年未达标，所以年年都需要总部的补贴。当时在多伦多地区，同样亏损的分公司还有几家。2000年，总部决定永久关闭这几家分公司。

一个保险经纪人的销售业绩年年提升，而他所在的分公司在两代人苦心经营近半个世纪后却关门了，这引发了我的深思。在入行第一年的年度表彰大会上，我以新人冠军的身份坐在主席台上的时候就感觉到这是一个竞争残酷的行业。当时我想：我今天能坐在主席台上，明天就可能被淘汰出局，永远地离开这个行业，如果我没有业绩。

这种残酷竞争的淘汰机制血淋淋地体现在了分公司的解体上，当然它也是保险公司可以生存百年的根本原因。

在以后的十多年中，我几次在总公司的培训会上遇见曾经的老板迪特尔。他是一条不屈不挠的汉子，能屈能伸，当不了老板就当经纪人。我们没有叙旧，没有复盘当年的荣辱得失，而是聊了聊彼此的现状和未来的挑战，因为我们都知道，这是一个永远不需要回头看的行业，只能面对今天和明天的生死战场！十几年间，我每年都参加公司的高级经纪人年会，也出席过在世界各地举办的两年一度的高峰论坛，在美国洛杉矶，在法国戛纳，在克罗地亚……但我永远都记得2000年发生的事。想到这里，不由得感叹人生之旅如白云苍狗变幻莫测，昨天和今天的成功并不能代表明天的成功。

我的经理托尼，在分公司倒闭后回到中国香港继续他的保险事业，然而天有不测风云，几年后托尼不幸因胃癌病故。在一次公司培训会上迪特尔告诉了我这个不幸的消息，我们对此只能叹息，并排默默地听讲座。会议最后有个抽奖活动，奖品竟然花落我手。我是一个很少抽中奖的人，所以那天非常出乎我的意料。奖品是两张加拿大最大的牛排店的套餐券，我当即邀请迪特尔一起去吃牛排，他欣然应邀。他点了嫩中带肥、肉味浓郁、最受欢迎的肋眼牛排。这种牛排取自牛肋脊靠近背脊的肌肉，油花密布，红白相间，肉嫩多汁。我点的是纽约西冷牛排。我们把曾经的荣耀和悲伤一起抛在身后，一心一意地享受丰盛大餐。那天迪特尔心情不错，把一大杯法国红酒喝得精光。两张奖券价值100加元，我们实际花了120多加元，我取出现金补齐差价，便走出牛排店与迪特尔挥手告别。

分行关闭，经理离开，我成了一只孤雁。但我已经是一只经历过多次狂风暴雨洗礼的大雁，只要有天空，我就能独自翱翔！

我被总公司分配到另一家分行，那里位于多伦多的富人区北约克。我第一次迈入分行办公室时，就被宽敞明亮舒适的办公环境振奋了，前台的秘书有四五个，经纪人的办公室多达20多间。我租了一间朝西有阳光的办公室，开始迎接新的挑战。

当我独自坐在布置好的办公桌前时，突然感到一阵莫名的孤独。整个分行有30多名经纪人，没有一个是我认识的，而且他们大多是土生土长的加拿大人。好在我的邻居是一位谦和有礼的老经纪人，他的父辈是来自葡萄牙的移民。我们见面会打招呼，有空会相互串串门聊聊天。他给我印象最深的事情是，他告诉了我如何选择健康的午餐——一杯酸奶加一个苹果。这位有着30多年工作经验的老经纪人每天上午10点准时上班、下午5点准时下班；见客户通常在办公室，也会上门拜访；工作时有条不紊。我从来没见过他慌乱的样子。从他身上我看到了自己的弱点：我的状态过于紧绷，貌似努力高效，实则缺乏节奏；每天东奔西跑，其实是没有精准地把握客户的需求，导致我见的人虽多，成交量却少。

我每天忙乱的另一原因是，疲于约见一个接一个的客户。由于他们分散在全城的不同区域，使得我刚在城东见完一个，马上赶到城西去见另一个，光是开车就要一个多小时，遇到交通高峰期可能需要两个小时甚至更长时间，赶到客户家时我已经精疲力竭。在疲惫的状态中对客户做讲解、演示，再签单，回到家常常已过午夜。

我能不能同时和十几人甚至二三十人见面呢？我想到了开讲座的方式。

21世纪初期，来到多伦多的中国移民已达数万人。有了数量基础，就有可能把其中有共同兴趣和理念的陌生人聚集在一起，于是我利用当时在多伦多已创办发行五年的《大中报》刊登讲座广告，这是多伦多首家由中国大陆人创办的免费周报，每周六出版，会摆放在华人聚集的超市、餐厅和购物中心的门口，供路人随意索取。当时多伦多市面上发行的报纸有出自中国香港的《明报》和《星岛日报》，以及中国台湾的《世界日报》，但这些并不适合中国大陆人的阅读习惯。而《大中报》以中国大陆文化背景为新闻采写素材而成为更受大陆移民欢迎的读物。如我所料，我刊登的广告吸引了30多人来参加我的讲座。

我事先便和分公司的前台秘书预订好会议室用来开讲座，但没料到半路杀出个程咬金。离讲座举行只剩两天时，秘书突然急匆匆地跑到我的办公室，说分行经理不同意我在会议室开讲座。我听到这个突如其来的消息，一下子傻了眼。定了定神后，我坚决地对秘书说："广告已登，报名参加的人有30多位，这个讲座是非开不可的。况且我预先打了招呼并且得到了许可，岂能说变就变！"

一怒之下，我也不再听秘书的解释，而是直接冲进经理办公室。来这个分公司半年多我还没有敲过经理办公室的门呢。

"彼得，凭什么不让我用会议室开讲座？"我怒气冲冲地问经理。

"会议室只用作开分公司会议和总公司的培训，不能提供给保险经纪人开讲座。"彼得冷冷地回答我。他坐在办公桌后的椅子上，一副无所谓的样子。其实我来这个分公司不久就感觉到了彼得对我的冷漠。我们有时在走廊上碰到，他连个"你好"都不对我说，更不用说主动到我办公室问问我工作上需要什么帮助了。他压根儿就当分行没有我这个人。虽然我的业绩达不到最高级别，但也一直在中上水平。我刚进分行不久，就签了两个家庭的保单，一共9张，其实我也不需要他的任何帮助，因为我已经能独当一面了。所以我并不在乎他的冷漠，然而这次他突然横加阻拦我借用会议室开讲座，却把我的愤怒情绪一下子激发出来了，我几乎到了怒不可遏的地步。

"彼得，我把话撂在这里，"我冲着他大声喊，"不管你同意与否，我的讲座一定会按时开。我支付了办公室租金，就有权利使用会议室。况且我是预订并获得了许可的。"

当时我冲着彼得大吼大叫，急促而高频的声音惊动了办公室的其他经纪人以及前台秘书，他们纷纷跑出来看究竟发生了什么事。

我不是一个暴躁的人，可以说是个温和礼貌的文人。但是一旦有人触碰到我的底线，我也会骤然间变成一个狂暴者。这种情况在我的一生中极少发生，来到加拿大的十年中这应该是第一次。

我回到办公室泡了一杯茶，让自己慢慢地平静下来。

"蒂姆，彼得让我告诉你，"过了大约半个小时后，秘书来到我办公室，笑眯眯地说，"你可以用会议室开讲座，但要用那个小的会议室，别用大的。"我权衡了一下，小会议室坐20多人虽然有些拥挤，但不会影响讲座的效果，也就答应了，算是给经理一个台阶下。

在加拿大的金融公司，保险销售员与老板之间并不是雇佣关系，而是赤裸裸的金钱关系。我帮公司销售一份保单，公司支付我一笔佣金，而且佣金的比例是公开透明的，对每个保险经纪人都一样，不管你是新兵还是老将，也不管你与公司高管或中层有没有私人关系。除了佣金还有奖金。奖金的比例也是根据个人一年的总销售业绩来确定的，同样公开透明。这样的报酬机制决定了我与分行经理的关系是松散的，无论好坏都不会影响我的劳动报酬。而在劳动报酬之外，公司既不分房也不给我们升职，所以彼得对我什么态度，我与他关系如何，我都不在乎。但是毕竟在同一屋檐下工作，我也只好忍下一口气求个和平相处。

这是我第一次开讲座。出乎意料，这次讲座的效果非常好，来了20多个人，当场就有5个人约好下次见面时详细讨论符合他们家庭财务状况的保险计划，并且签了6张单。

讲座是以对话和讨论的方式开始的。

"我们为什么要放弃在国内的生活，告别亲朋好友，不远万里来到这块完全陌生的土地上从头开始呢？"我首先向与会者提出这个问题。

与会者纷纷举手回答，说到了加拿大在教育、医疗、养老等方面的优势。

听完他们的回答后,我笑着问:"大家的回答都对。但是你们是否想过,这些优势是怎么来的呢?"

"发达国家的政府有钱!"大伙儿异口同声地回答。

"政府不办企业、不经商,钱从哪里来呢?"我反问。

会场一下子安静下来。大家似乎都没有反应过来。

"政府的钱是来自所有公民的辛苦劳动。在这里,无论打工还是经商,我们每年都要将收入的25%~50%作为个人所得税上缴给政府,政府还强制每个劳动者要按收入的一定比例缴纳失业金和养老金。当然,因为是发达国家,所以你们的劳动报酬会高一些,政府还规定了最低时薪,以保证所有劳动者都能获得较为公平的劳动报酬。"我的这番话引起了与会者的更多兴趣,大家纷纷开始议论。

我耐心地待在一旁,默默地倾听着他们的热议。

大约10分钟后,我又问了大家一个问题:"如果在座的哪一位不幸得了重病,甚至不幸发生意外而身故,你的家庭会发生什么样的事情?"

会场又沉默了。

"一旦你得了重病,虽然有全民医保让你免费住院治疗,政府也可能会支付一些失业金和困难补助金以保障你最基本的生活,却不会帮你支付房贷利息、地税和水电费用,你只能把房子出售,去租公寓甚至地下室住。政府也不会过问你的车有没有贷款、不会帮你支付车的保险费和汽油费,你和家人出行也就只能搭乘公共交通。这意味着,你们一家会立刻从中产阶层坠入下层贫困社会,生活质量严重下降。而你们的亲朋好友远在中国,即使想帮忙恐怕也有心无力。我们远渡重洋来到这里,是为了能够过上更加优越的生活,而不是要挤在贫民区或者长期住地下室的。"

"那我们费了那么大劲移民不是白折腾了吗?"大伙一下子喊叫起来。

"也不是的。"我接着说,"在加拿大,除了有政府提供的福利保障体系,还有政府监管下保险公司的保险保障制度。前者用于保障民众重病或发生意外时本人或家人的最低生活水平,后者则保障了人们的生活水平不会因为重病或意外而有所下降。只有同时了解这两种保障制度,才是对加拿大社会制度的全面完整的了解。两种保障体系的区别是:前者由政府支付费用,后者则由民众自己付费参与保险计划。但是由于加拿大的保险公司经营管理非常专业而且效益良好,再加上政府给予这些保险计划百分百免税的优惠政策,所以,民众实际所付的费用比较低,不会因此影响正常的生活质量。"

讲完这些,我才进入主题——加拿大人寿保险计划的种类、费用,以及如何理赔。

参加讲座的人大都在 30 到 40 岁之间。比如有位坐在前排的徐先生,当时 37 岁。我对他说:"未来的 20 年,是你为家庭努力工作、养家糊口的最重要的人生阶段。假如你在 20 年间的任何时刻不幸发生意外身亡,那么保险公司将会一次性付给你的家人 25 万加元。根据政府制定的人寿保险赔偿金额完全免税的税务政策,你的家人无须为此支付一分钱的税金。有了这笔钱,你的家人至少可以维持现有的生活水准,而不必卖房还债。那么你愿意每月支付多少保费来签下这样一份保险计划呢?"徐先生挠挠头,不知该如何回答。周围的听众七嘴八舌地说开了。

"50 加元。"有人说。

"不可能!太少了,怎么说也得百十块。"

等会场恢复平静后,我以徐先生为例,用电脑给大家展示了一份缴费 20 年的 25 万额度的保险计划,在保费那一栏里清楚地显示:每月 31.80 加元。大伙儿哇的一声惊叫起来:"这么便宜,每天才 1 加元!"

"是的,每天 1 加元,比买一杯咖啡还便宜。这就叫作'每天一杯咖啡钱的保险'。"

"每天 1 加元，大家付得起吧？"我问。

"太付得起了。"大伙齐声应答。

我就这样成功地推荐了保险公司的第一种产品：20 年期的保险。会后除了徐先生，还有一位 42 岁的王先生也购买了同样的保险计划。王先生因为年龄稍大，每月所缴保费相应稍多，是 39.50 加元。

"20 年间发生意外的概率可能比较低，如果买 25 万额度的终身保险，寿终正寝后家人也能获得理赔，还能给后代留下一笔免税的遗产，那么每月要缴多少钱？"一位姓高的听众举手问道。他 39 岁，平时没有抽烟的习惯。

我先问大家，每月缴多少保费会认为是可以接受的。会场又骚动起来。中国人的计算能力很强，一个自认为很聪明的从事互联网行业的男士抢先说："以高先生为例，按照男性平均寿命 78 岁计算，除去意外因素，高先生要连续支付 40 年保费，如果每年支付 2500 加元，40 年就是 10 万加元，78 岁高先生去世时家人可以获赔 25 万加元，这似乎是比较合理的。"许多人立刻附和表示赞同。

我微笑着不慌不忙地用电脑向他们展示了这个计划，保费那一栏显示：每月 116 加元，即每年 1392 加元，约占高先生所预估金额的一半。大伙又开始大声叫好。

我又成功地推荐了公司的第二种产品——保费付终身的终身人寿保险。高先生夫妇都购买了这种计划。高太太虽然与先生同岁，但因为女性平均寿命比男性长5岁左右，参与有风险的活动也比较少，所以保费相对低些，每月83加元。

"有没有那种保费只付到65岁的保险？"有个听众问道。

"有。"我接着介绍了一种只付20年的终身分红保险，年保费稍高一些。有两个开店的客户选择了这种产品，因为他们的年收入较高。

"如果有一种方法，可以不花自己的钱也能买一份终身保险，大家愿意了解一下吗？"我最后问。

"有这样的好事？"大家都用疑惑的目光盯着我。

"当然有。"接着我便详细地讲解了这种计划，"首先，大家要参加政府提倡和鼓励的个人退休金计划。这个计划允许每个有工作的人可以用年收入的18%来参与。比如你的年收入是4万加元，那么就可以每年拿出7200加元来参与这个计划。存入的钱可以作为固定利率的定期存款从而获取利息，也可以投资互惠基金从而获取资本增值。无论是利息收入还是资本增值，都可以暂缓缴税，直至从这个计划中提款时才开始缴税。这样一来，存入这个计划里的钱可以发挥不断滚动的复利效益，到退休时便可以有更多的钱用来养老。参与这个计划的另一个好处是，政府会根据你的年缴退休金额度，以一定的税率退税给你，比如你的年缴退休金是7200加元，税率是25%，那么政府会退给你1800加元。你可以用这笔钱作为保费，根据自己的实际年龄购买一份20年期、20万至30万额度的终身人寿保险。

讲座结束后，有三个客户跟我约好，他们到年底购买个人退休金计划并获得政府退税后，就用这部分钱购买这个终身保险计划。

这场公开讲座给我带来了10张保单。

我把参加讲座的客户送到办公大楼外，当时正是夕阳西下的时分。夏日的余晖落在西边的天际线上，附近的大型购物中心的停车场里各式各样的车辆穿梭不停。周围的高层公寓掩映在一排排高大的枫树丛中，雄伟多姿。天仿佛变得更深邃了，地也更广阔了。我的心情无比轻松愉快。办公大楼东边不远处是横穿多伦多市南北的河谷公园（DVP）高速公路。此时正值上下班高峰，来往车辆疾驰，繁忙而有序。我突然想起刚入行那年站在办公大楼顶层，隔着宽敞明亮的玻璃窗，望着不远处横跨城市东西的401高速公路上来回穿梭的千百辆车时发出的疑问：哪个人会是我的第一个客户？这个问题在几年前就有了答案。如今这个问题已经变成：还需要多久，我就会有几百个甚至几千个客户？

当我把一张又一张申请表送到分公司的前台秘书手里后，经理彼得开始在过道上热情地和我打招呼了，有一次还特地到我的办公室送温暖，并且热情地告诉我，以后来听讲座的人数如果比较多，就用大会议室。我也礼节性对他表示感谢，我们握手言和。我心里想，没有我们这些保险经纪人不停地签单，你这个拿年薪的分公司经理早晚也会是我前老板的命运。果不其然，大约三年后，这个分公司也关门了，从此在总公司安排的各种场合，我再也没有见过这个傲慢的经理。他可能已经从这个行业里永远地消失了。

> 天妒英才？人生无常？我简直无法相信这是真的！我惊愕得半天说不出话来，只能靠着沙发无力地闭上双眼，他那年轻充满活力的样子一直在我脑海中盘旋，久久不能散去。

第7章
不同选择 不同命运

一股浓烈的焦苦味混合着醇厚的香甜味，欢快而无序地弥漫在整个空间里。各种肤色的人你一言我一语无所顾忌地交谈着，时不时地还会在某个角落发出欢乐的笑声。每个人的面前都有一杯黑色液体，桌面上摆放着一两个甜甜圈。我也找了一个靠窗的位置坐下，静静地等待我的朋友兼客户曹先生的到来。

天好咖啡（Tim Hortons），加拿大最大最著名的咖啡连锁店，由冰球运动员蒂姆·霍顿斯（Tim Hortons）于1964年在安大略省哈密尔顿市创立，于2002年超越麦当劳成为加拿大最大的快餐公司。它是加拿大人最爱的聚会场所。正如星巴克创始人霍华德·舒尔茨（Howard Schultz）所说：咖啡馆是人们聚集在一起的地方，它也是家庭与工作之外的第三空间。这里从早到晚都很忙碌，如同世界上所有的咖啡馆一样。据统计，全世界的人每天要喝掉22.5亿杯咖啡。至于为什么而喝，我想，无非是为了战胜疲劳，逃避孤独；或是珍惜相聚，倾诉心声；或是举杯同庆，欢乐同享。可我万万没想到的是，这一天我与曹先生来到咖啡店却是因为从天而降的灾难——我们喝的是两杯真正的苦咖啡。

那是1998年初夏的一个下午。我抬头望向窗外，蓝天白云，绿树成荫，一群大雁摇晃着肥硕的身躯，贪婪地吃着草地上的嫩草。这是普通的一天，我的心情也像往常一样平静，只是有一个疑问在脑中浮现：曹先生为什么约我呢？叙旧，聊天，或者要我帮忙办什么事？

"洪先生，你好！"我抬头一看，曹先生已经站在我面前了。年近五十的他身高一米八，体格非常壮实，是我的客户中身体健康状况最好的一位，从未听说他有什么毛病，他也从未去过医院的急诊室，三年前他申请保险计划时顺利通过体检。

我招呼曹先生坐下，然后起身去要了两杯咖啡。

"洪先生，我今天约你见面是要拜托你一件事。"曹先生开门见山。

"只要我能做的我一定尽力帮忙,你尽管说。"我痛快地应答。

"前段时间我觉得喉咙不舒服,吃东西有疼痛感,所以去医院检查,是食管癌。"曹先生的话不紧不慢,语调非常平静。这个消息对我却犹如晴天霹雳,令我震惊不已!这怎么可能呢?一个健壮如牛的中年人,几乎从不生病,在餐厅里打工时也从不请病假,三年前还顺利通过保险公司的严格体检,怎么突然就查出食管癌呢?我心慌意乱,一时不知道如何应答。

"洪先生,我下周一要去住院做手术,你能开车送我去吗?"曹先生小心地问我。

"当然可以!"我立即答应他的请求,"我还会时常去医院看你,直到你完全康复。"

"谢谢你,洪先生!"曹先生万分感激地凝视着我,接着缓缓地说道,"这种癌症凶多吉少,即使动了手术也可能无力回天。我想拜托你一件事,如果我去世了,请你用我的人寿保险理赔金帮我太太和我女儿买一套房子。这是我能为她们做的最后一件事了。我太太不懂英文,不熟悉这个社会,女儿年纪尚小,还在读高中。我担心她们办不好这件事,只好拜托你了。在多伦多,我最信任的人是你,虽然我们相识不久,但是你的人品和责任感是值得我信任的!你是第一个知道我病情的朋友。"

"万一真的走到那一步,我一定会尽力尽责帮你完成这最后的心愿!"我语气坚定地接受了曹先生的托付。"眼下我们先安排住院治疗,下周一我一定提前到你家接你,然后去医院办理住院手续。我们一起往最好的方向努力!"

我们沉默地相互凝视着。面对疾病的威胁,曹先生的沉着让我对他肃然起敬,尤其是他在这种时候依然在尽力为妻子女儿谋划未来,使我更加敬佩这位普通的中国男人。他出国前是一家大型企业的中层,安分守己地工作,全身心地照顾家庭。出国后每天在中式自助餐厅的后厨工作,每周工作6天,每天10个小时,勤勤恳恳、任劳任怨地劳动,用挣来的辛苦钱养家糊口,给政府缴税。

记得我第一次到他家谈人寿保险时,我是这样说的:"曹先生,我相信靠你的辛苦工作一定会给你的家人幸福美满的生活。可是每个人的生命中都存在风险,万一你生病或发生意外导致身故,你太太和女儿的美好生活该如何继续呢?我们移民到加拿大,亲戚朋友都在远方,帮不了我们。政府的抚恤金只能维持我们的最低生活水平。我们不会忍心看到这种事情发生的。加拿大的人寿保险制度很完善，只要用收入的 5% 左右就可以安排一份足以保障家人生活的保险计划，再加上保险理赔金是完全免税的，所以参加这个计划是对家人最好的保障！"

了解清楚后，曹先生问我："每个月 250 左右加元可以买多大额度的保险？"

我打开电脑算了一下说："15 万。"

"怎么样？"曹先生征询坐在一旁的太太。

他的太太点点头表示赞同。

这张保单就是这样当场签下的。对有责任心的男人来说，推荐一份他们负担得起的人寿保险是不难的，而且通常是件轻松愉快的事情。

送别曹先生后，我依然处在巨大的痛苦中，我的心灵又一次受到强烈的冲击。生活原本是美好而甜蜜的，可是如此美好的生活却在朝夕之间变得如此苦涩！身强体壮的曹先生怎么会突然变成了癌症患者？一个原本幸福美满的家庭怎么会突然间黑暗降临？我深深地嗅了一口咖啡的味道，混合着苦涩与甜蜜，但此刻，我的感觉超越了嗅觉，因为我是在品味人生的酸甜苦辣。

我无力地走出咖啡店，目送曹先生慢慢地消失在夕阳的余晖中。他的家就在咖啡店附近的住宅区。他是步行来的。我提出开车送他，但他执意要步行回家。我在停车场角落的树荫下呆立着，进出咖啡店的客人不断从我面前走过。我无比感恩上天给予我们美好的生活，可是我们中的某个人，可能正如同曹先生一样，一觉醒来便天昏地暗了。我更加明白了人寿保险百年不衰的原因，也再次发现了我所从事的工作的重大社会意义。此时我无意中又看到那群自由自在的大雁，有的在低头吃草，有的在草地上仰首望天，还有的在懒洋洋地踱步，无一不在尽情地享受大自然的恩赐。大雁啊大雁，秋天过后，凛冬将至。那时你们就要飞越几千千米去南方逃避严寒了。在这段艰难的长途飞行中，你们也许会有掉队的，有病倒的，甚至有从空中掉落的。和人一样，你们也不是天天如此惬意，也要经历快乐与苦难的轮回。世界是公平的。

我开车送曹先生去医院的那天上午，天空依然湛蓝，空气依然清新，微风吹过路边的枫树，发出沙沙的声响，就像在为来回奔驰的车辆鸣乐伴奏。如此美好的情景却无法带给我愉快的心情。曹先生和曹太太都在尽量压抑着内心的担忧和恐惧，强颜欢笑和我聊天。

办理好曹先生的入院手续，我与曹先生夫妇告别，并答应他们，曹先生动手术当天我还会再来看他。曹先生术后住院期间，我几次去探望他。出院前一天，他万分感慨地对我说："护士对我的照顾真是无微不至，每天都替我擦洗全身。连我太太都没有这样照顾过我！"这位硬汉此刻的眼眶是湿润的。

人间有爱天无情，天若有情天亦老。尽管用尽了各种治疗方法，曹先生终究还是未能战胜恶疾，于一年后的某一天病故。

当天我就将曹先生病故的消息告知了公司，并要求尽快进入理赔程序。当时我心里真的有点忐忑：这份保单的保费才缴了3年多，总金额1万加元出头，公司真的能按照合同约定的15万加元进行全额赔偿吗？然而事实证明，我的担心是多余的。

曹先生病故一周后的某天早晨，我刚到办公室就发现桌上有一封来自公司的信。打开一看，是一张付给曹太太的支票，金额为10006.03加元，还附着一封信。信中表示，公司在尚未收到理赔所需的相关文件及完成审批手续之前，先支付1万加元的理赔金以解决客户家人的燃眉之急，而6.03加元则是这部分理赔金从客户死亡之日起到开出支票之日止所产生的利息。

我惊讶地看着信和支票，在完成理赔手续前，公司就能这样无条件地相信保险经纪人的报告，从而预先支付一部分赔偿金帮助客户家属渡过难关，甚至连利息也一分不差地计算在内！我终于真切地感受到了保险公司的重信誉和重承诺，以及时刻为客户着想的理念。

在后来的一次公司大会上，总公司的一位高层领导说："保险公司的重要职责是尽快地完成每一个理赔，及时地把理赔金送到受保人指定的受益人手中。"

据同行说，有家保险公司的理赔部负责人曾在公司内部会上说："我们的责任，是找出任何一条应该理赔的理由，把理赔金及时支付给受益人。"

这种以客为尊的经营之道更加坚定了我终生献身保险事业的信心和决心。

在曹先生的追悼会上，我无意间遇到了几年未见的林女士。她看上去憔悴了很多。不知道为什么，她只是跟我打了个招呼，就一直刻意避开我。旁边的一个朋友也留意到了她的反常，便走到我身边，悄悄地对我说："林女士的先生一年前在高速公路上发生严重车祸，不幸去世了。"

这又是一个让我大感意外的消息。几年前我也向她推荐过人寿保险,应该是曹先生介绍我认识她的。她的先生开车给超市送货,每天奔波在高速公路上。我当时只见到林女士,而没有机会见到她的先生。林女士认为人寿保险不重要,舍不得每月花100多加元买终身保险,也不愿意每天花1加元买短期保险,她要攒下每一分钱,尽快凑齐买房子的首付款。当时我还特别提醒她,她的先生从事的是高风险职业,即使在风雨交加和大雪纷飞的恶劣天气里,也必须在繁忙的高速公路上疾驰,他更需要一份人寿保险。可林女士还是谢绝了我的善意,甚至没有给我约她先生面谈的机会。

朋友还告诉我,因为林女士的先生没有人寿保险,林女士只能带着女儿在条件比较差的东区唐人街,租住在没有阳光的地下室。她的女儿也没有上大学,她们只能靠政府每月1000多加元的丧偶补助金艰难度日。

与林女士的生活形成强烈反差的是,曹太太很快用先生的理赔金作为首付,买了一间独立屋,女儿也上了大学。

仅仅是一份人寿保险计划,就让曹太太和林女士有了截然相反的命运!

人寿保险之所以存在,是因为人们的生命中有着不可预测的风险。而一旦家庭中负责赚钱养家的经济支柱倒下,其他成员无法解决急需一大笔钱这个难题,唯有人寿保险可以做到这一点。人寿保险是能够很好地保障人们生活品质的一种金融产品,这个行业的从业者,也应当有这样坚定的信念。

曹先生离开后,有律师帮助他的家人处理他的遗产传承,有会计师为他向税务局申报纳税资料,有牧师为他祈祷,还有朋友们向曹太太送上最诚挚的慰问。而我,一个保险经纪人,代表公司向这个不幸的家庭送上了一笔数额不菲的赔偿金。

圣诞节前夕,曹太太与女儿搬进了一栋属于她们的独立屋,告别了租房住的漂泊生活,在异国他乡过上了还不错的生活;而这一切都来自一份人寿保单,是因为一个有强烈家庭责任感的中国男人生前作出的一个无比正确的决定。这个正确的决定当然是因为在这个社会的各个角落都活跃着一大批忠于职守、百折不挠、起早贪黑的保险经纪人,我只是他们中的一员。

这个真实的案例让我更加明白,人寿保险在家庭财务计划中有着神奇的功能。

我们可能就是某个人生命中最重要的贵人。正因为我们平凡而枯燥的工作,在意外灾难发生后,一个家庭可以继续往前走,一家企业可以继续发展,一份遗产可以世代传承下去。

一定程度上，一份人寿保险可以改变一个家庭的命运，它让这个世界多了一些人情味儿。唯有人寿保险，可以在一个家庭最困难的时候，送去一大笔不必偿而且不用缴税的救命钱。这个信念从此深埋于我的心中。

我一生都在追求有社会价值的理想和事业。中学时代曾幻想当诗人，用优美的文字歌颂美好的人生；在南开大学读化学系时，期望毕业后为社会生产更多更好的化工产品；进入人民日报社记者部后，我白天采访、夜间执笔，书写一篇又一篇报道中国经济发展的文章；来到北美，所有这一切都随风飘逝了。辛苦挣扎6年后，我终于在人寿保险行业重新燃起对理想的追求，树立起新的人生观，找到新的信仰和为社会服务的平台。我下定决心，不仅要把人寿保险推销业务作为能带来稳定收入的工作，而且要作为一项我愿意为之奋斗终身的事业。

我对我的同事说，我们的工作在保护千千万万个家庭免于在灾难之后陷入困境，在稳定社会方面有很大的现实意义。律师为含冤者打官司，但不一定总能赢；医生为病人治病，但不一定能痊愈；会计师帮纳税人填报税表，但也不保证能得到税务部门的认可。他们通常都被尊称为专家，而我们寿险顾问对客户的帮助并不比他们少，我们也是专家。

就在这一年的冬天,我又亲身经历了一件让我终生难忘的悲剧事件,而整个过程竟是在无意中发生的,且就在短短的几个月里。

事情的经过是这样的:临近圣诞节时,有个客户介绍我认识了刚执业不久的张律师。那一天,天气非常寒冷,北风呼啸,地上的冰雪还未完全融化,我小心翼翼地驾车行驶40多分钟,才到达张律师所在的办公大楼。停车场地面积雪未消,我深一脚浅一脚地走向办公楼,在门口前还差点摔了一跤。那几天我原本是要放假休息的,但职业本能总是驱使着我,只要有客户想了解保险,我就会尽快安排时间见面,不管是节假日还是周末。因为买保险这件事是要尽早的,意外事件随时可能降临在某个人的身上。

第一次见张律师是在他的办公室。张律师三十出头,中等身材,皮肤白皙,头发梳得整齐而光亮,他身着整洁的黑色西装,搭配一条鲜艳的红色领带,眼神充满自信。我深信这是一个前途无量的律师。他非常忙碌。年轻漂亮的女秘书告诉我,张律师只能给我30分钟的时间。

我与客户面谈时向来喜欢直奔主题,从不会绕着弯子说空话。半小时一定能讲明白人寿保险的相关知识。

"张律师,你很忙,我也一样,我们就开门见山。我今天来是希望我有机会帮助你制订一个家庭保障计划。我相信律师对人寿保险在每个家庭中的重要作用是很清楚的。朋友告诉我,你是以优异成绩毕业于多伦多大学法学院的,而且你有一个美满幸福的家庭,有美丽贤惠的妻子、可爱活泼的儿子和身体健康的母亲共享天伦之乐。所以我相信你非常希望能有一个保护家人的人寿保险计划。"我的开场白用了不到 5 分钟。

我注视着张律师,等待他的反应。

"人寿保险对每个家庭都是至关重要的,我读书期间就已经参加了我们律师协会的团体保险。"张律师爽快地回答我。

"团体保险只是一种短期的保障,额度也不大,还需要有一份个人的终身保险,才算是完整的家庭保障计划。"我对张律师的答复做了补充。

"洪先生,你的保险专业知识丰富,职业操守也很让人信服,我对你早已有所耳闻。我会考虑你的意见,但是今天时间不够了,我必须抓紧时间处理完手头的案件。你今天先把我的退休养老计划签了,等过了春节我们再讨论人寿保险。"

"人寿保险比退休养老计划重要,我们可以先签人寿保险,年后再办退休养老计划也来得及。"我向张律师提出我的建议。

"还是先签退休养老计划吧。"张律师坚持着自己的想法。

我用了大约10分钟就完成了退休养老计划表格的填写。张律师签完字、开了支票就去忙他的工作了。

前后只用了半个小时。我们约好圣诞节后的1月上旬见面谈人寿保险计划。

然而让我万万没想到的是,当我再次见到张律师的时候,不是在律师楼,而是在殡仪馆。

听起来像天方夜谭,然而它就是真实发生的事情。

1月初,我刚一上班就打电话约张律师见面,可他说还有几个案件在处理,要我春节后再约他。

然而,事故就发生在春节。当时,张律师约了几个好友在家中过节,也许是开心,也许是贪杯;像是天意,又像是横祸,张律师因饮酒过量当场晕倒,被急救车送到医院后,被检查出严重的酒精中毒。他在国内读中学时就得过肝炎,后来肝功能一直不太好。那天晚上他一人喝了将近一瓶高度白酒,加上连续一个多月的繁重工作,最终致使意外发生。虽经医生多方抢救,然而回天乏术,入院一周后张律师不幸病逝。

天妒英才？人生无常？我简直无法相信这是真的！当秘书在电话里告诉我这件不幸的事情时，我惊愕得半天说不出话来，只能靠着沙发无力地闭上双眼，朦胧中张律师年轻充满活力的样子一直在我脑海中盘旋，久久不能散去。

意外是如何发生的？人们如何看待意外、预防意外？曹先生的故事，还有刚刚发生的张律师的意外事件，交替在我的脑海中出现。这些事对我造成的巨大冲击引导我再次去审视我所从事的保险行业。我在自省中反问自己：我不能预测和防止悲剧的发生，但我也许可以尽量说服张先生，无论多忙也不能拖延申请人寿保险计划的时间啊；我的确打了几次电话，可我面对客户的拖延时并没有据理力争。我自责失职了。

带着沉重愧疚的心情，我拖着无力的双腿来到办公大楼一层的咖啡店，要了一杯黑咖啡，点了一块巧克力奶油蛋糕，一个人默默地品尝甜蜜和苦涩的交融，就像品味人生中欢乐和痛苦的更替。

几天后追悼会在墓园举行，凛冽的寒风从四面八方毫无顾忌地扑来。空旷的墓园在寒冬中显得格外萧瑟，枯萎的草枝不停地左右摇摆，光秃的树干和枝丫在昏暗的天空中显得更加寂寞。我们瑟缩着身体站在墓地周围，眼睁睁地看着张律师的棺木徐徐地往墓穴里下沉。张太太早已哭成泪人,身体倚靠在搀扶她的朋友身上,瑟瑟发抖;幼小的儿子双手紧紧地抱住妈妈的大腿,呆呆地望着眼前的一切,目送着昨天还抱起他的父亲躺在一个大大的木盒子里。

"我的儿啊,你为什么这么狠心,丢下孤儿寡母,丢下我这个老太太,就这么匆匆走了!"一直呆立的张律师的母亲突然大声号啕,"你走了,留下我们三个老弱妇幼,今后的日子怎么过啊!儿啊,我的儿,你不能这样匆匆忙忙地走啊!你让我白发人送黑发人,我活不下去了!"张母的哭泣声和呼喊声打破了墓园的寂静,许多亲友也都抽泣起来。

天空的乌云压得更低了,无边的冷风肆意地拍打着这一群既悲伤又寒冷的人。等到最后一铲土盖在坟墓上时,老人家已经晕倒在地。几个年轻人把老人家扶了起来送到车上。几只寒鸦在墓地上空盘旋嘶叫,就像在为人世间的悲剧吟唱。被冻僵了的亲友们在寒鸦的鸣叫声中陆续开车离开。

我没有马上回公司,悲伤、同情、内疚的情绪,加上冻得发抖的身体,驱使我在途中的咖啡店停了下来。这次我只要了一杯黑咖啡,没有点蛋糕。我坐在靠角落的位置,透过一层雾气,望着乌云密布的天空,独自默默品尝苦涩,驱赶寒冷。

死亡是不幸的，然而留下的人还要继续生活。孤儿寡母加上一个老太太，未来的漫长日子如何熬啊！我心中无数遍地发问，问她们，问自己，问苍天，问大地。

当《财富周刊》记者采访我时，我告诉他，人寿保险是信仰、责任与财富的融合体。

我引导他和我一起闭上双眼，想象两幅截然相反的画面。

第一幅画面是，张先生因为没有买人寿保险，当他因故不幸去世时，急需大笔资金的张太太的本能反应就是疾呼"请大家帮帮我！"于是热心的华人媒体纷纷报道，故事情节催人泪下，广大同胞也扼腕叹息，纷纷伸出援手，在华人集聚的广场门口排队，你5元、我10元地捐款。一场兴师动众的募捐活动忙下来，张太太收到三五千元的捐款，草草地安排了张先生的后事，她们祖孙三人的生活依然没有着落。她长期做家庭主妇，一时找不到合适的工作，只能依靠有限的政府福利金勉强维持生活。也许她还要出售尚在还贷的房子，带着老人孩子去租住地下室。

第二幅画面是，曹先生事先买了一份人寿保险。当他不幸去世时，也许他家门可罗雀，但是一定有个人——他的人寿保险经纪人，会在第一时间叩开他家的门，全心全意地帮助悲痛万分、不知所措的曹太太料理先生的后事，并且填写好申报理赔的表格。也许十几天后就会送来一张保险公司支付的大额赔偿支票。他的家人因此得以维持原来的生活水准，一个遭遇横祸的家庭并没有因此衰落。

不难判断，无论从哪个角度看，第二幅画面都更加美好！

随后的两年内，我的客户中连续发生了四起病故事件，它们从不同的侧面彰显出，人寿保险如何改变了一个家庭的命运，改变了两代人的生活。

2011年盛夏，我接到一个客户的电话，他想再购买一份人寿保险。见面那天上午，他对我说，他的300多平方米的大房子还有30多万加元的银行贷款要还，两个孩子尚且年幼，太太没有工作，万一他发生意外，现有的20万额度的人寿保险理赔金根本不够还清债务，更别说维持家庭现有生活水准了。他想让太太专心把两个子女抚养成人，所以他想知道，如果他再买一份30万额度的人寿保险，每年的保费是多少。我打开电脑计算了一下，每年1500多加元。这个客户是一家公司的项目经理，是一个保险意识较强的人，14年前他29岁，刚工作不久就买了一份20万保额的终身人寿保险，年缴保费564加元。

了解了30万终身保险的年缴保费后，不到15分钟，这位客户就起身告辞了，说回去考虑一下再回复我。我有些奇怪他为什么没有和我多聊聊，回想一下才意识到当时客户脸色发黑，精神疲惫。我以为是工作劳累所致，便没作他想。

大约一个月后，我接到一位陌生女子的电话。她告诉我，她正是先前那位先生的太太，她先生上周去世了。我惊呆了半晌才反应过来，问后得知，病因是肺癌。原来那位先生来我办公室要求加保时已经查出了肺癌。而他在即将踏入鬼门关之际，在独自承受病痛折磨之时，还牵挂着妻子儿女未来的生活。

第二天，我带着一束白色的花去了这位客户的家，把申请理赔的表格填写好，交由这张保单的唯一受益人——他的太太签字。这张保单的保费是每年564加元，从保单生效到客户去世，11年间客户共缴保费6204加元，理赔金为20万加元。两个活泼可爱的孩子，10岁的女儿和6岁的儿子，正在客厅里玩积木。因为有了父亲的这份保险，他们可以继续过着无忧无虑的生活。满脸悲伤的太太签完字后对我说："洪先生，谢谢你帮我先生早早地安排了一份人寿保险，也帮我渡过了难关。"

"首先要感谢你的先生，他一个月前还拖着疲惫的身体到我的公司，想加保30万保险呢。"我对这位太太说。

"我会感念他一辈子的，也会好好地把我们的两个孩子培养成对社会有用的人。"太太流着泪说。后来她把大房子出售，换了一套小一点的房子，没有了房贷压力，开始了新的生活。

同一年的年底，圣诞节前几天，一个20多岁的年轻人小赵来到我的办公室。

"洪伯伯，我妈妈去世了。"小赵十分悲伤地告诉了我这个不幸的消息。

小赵的母亲也是因肺癌去世的，当时才53岁。十几年前他们孤儿寡母漂洋过海来到加拿大，赵妈妈在一家进出口公司做秘书，收入普通。她省吃俭用，前后买了三份保险，其中一份10万额度的保险是在我们公司买的，另外还有两份其他保险公司的保单，额度分别是20万和5万。小赵悲痛地安葬好母亲后，拿到了母亲留下的35万加元的理赔金。小赵选择了回国。有了这笔资金，他不必从零开始年复一年地辛苦积累原始资本，而是可以直接创业。后来他的生意做得很成功。小赵每次到加拿大都会来看望我，每次都要说同一句话："是妈妈的慈爱和远虑改变了我的人生。"

第三个案例的当事人是我的一个做金融投资的朋友，他在事业巅峰期从我这里购买了全家的人寿保险,其中一张是为他年迈的父亲购买的安葬费保险①,保额为1万加元。

"老洪,任何时候,再穷,我也不至于没有这1万加元为我老父亲送终。也就顺便买一份了,每个月才47加元。"当时他笑着对我说。然而,人算不如天算,十几年后他因为违反金融投资法规,锒铛入狱。当他的老父亲因病去世时,幸亏有这1万加元理赔金,才不至于让他的家庭再次陷入困境。

最后一个案例是:我的一个女客户去欧洲探望儿子和孙女时,不幸在海外病逝。由于她的死亡证明相关资料来自异国他乡,加拿大本地的保险公司理赔部门的核准难度比较大,还需要翻译和公证。我前后花了两个多月时间,来往几十封邮件,才最终完成她的理赔手续,又在公司的特别批准下,将15万加元理赔金直接存入了保单受益人在欧洲的银行账户,受益人因此不必特地飞到多伦多,还能用这笔理赔金扩大自己的经营业务。

经历过这些案例,我更加坚信,人寿保险能够有效地帮

---

① 安葬费保险,专为老年人设计的一种人寿保险,保额较低,多用于受保人离世后的丧葬支出。

助不同的家庭，在发生不幸时渡过困境，并且最终改变人们的生活。

"我一定要把'保险'两个字贴遍多伦多所有华人同胞的门上！"我在心中暗暗地发誓。

> 我们从事艰辛劳累的人寿保险销售工作，就是要成为在大瀑布激流前翱翔的海鸥，成为高尔基热情歌颂的海燕。这就是我们保险从业人员的伟大精神。有了这样的信仰和精神，我们就一定能在保险行业中永远向前！

第8章
流不尽的瀑布

把"保险"二字贴遍多伦多每个华人家庭的门口，光靠我一个人是办不到的。

其中一个很大的障碍是，相当一部分人有这样一种理念，就是试图把承担生命中意外风险的责任推给政府。有个杂货店老板在拒绝我给他的保险建议时对我说："我死了，老婆孩子有政府管着，每个月一千多加元生活费够维持基本生活了，冻不着也饿不死。"

公民的社会责任是什么？这是我们每个人都必须严肃面对的问题。

21世纪初，多伦多已经出现了不少形形色色的华人团体，其中最有影响力的是多伦多大陆华人联合总会。我是发起人之一，也是主要资助者。联合总会创办的中文学校很受华人家长的欢迎。但由于政府拨款有限，学校办到第二年就出现了财务困难，甚至没有钱支付校舍租金。联合总会的会长找到我，我义不容辞地追加了资金，帮助学校渡过难关。借着这个机会，我向会长建议，召开一次新移民经验分享大会，让那些已经融入主流社会、创业成功的华人移民介绍他们的经验，引导整个华人社区更好地认识公民的社会责任。那次大会开得非常成功，有500多人参加，挤满了学校的礼堂。分享者有IBM的部门主管，有电脑维修店老板，有杂货店店主和酒吧老板，还有驾校创始人，我也是其中一个演讲者。

我在演讲中没有分享自己在寿险行业中的成功经验，而是着重讲了"公民的社会责任"，因为社区里的许多人对我都很了解，其中不少人已经是我的客户。我建议大家，在热爱生活、辛苦劳动的同时，也要主动承担起家庭的责任和公民的义务，如果我们不幸患上重疾或者发生意外甚至身亡，我们不要把照顾家人的责任推给政府和社会，也不要靠社区筹钱救助。我们要做的是，给每个家庭的主要劳动力配置人寿保险和重大疾病保险，它的年缴保费仅占我们年收入的5%~10%，不会影响正常生活，却可以带来完善的保障。

大会结束后，有七八个家庭主动联系我帮他们安排人寿保险和重大疾病保险。

其中一位太太签完单后递给我一张字条，上面写着：

> 无论你被命运的波浪抛向何方，也无论你是执大笔（我在国内曾是报社记者）还是挥锅铲（我到加拿大后做过厨师），你都一样的幽默，微笑从容地面对生活。这种潇洒是你高尚人格和坚定信念使然，是难能可贵的。你是一个意志非常坚定的男人。

在社区的中文报纸上，我刊登的广告词不是介绍保险产品，也不是自我吹嘘的溢美之词。我写了这样一句话：

> 人生不能辜负两种人：一种是把爱情托付给你的人；另一种是把金钱托付给你的人。

报纸发行后的第二天，我就收到几个主动购买保险的客户的电话。

其中一对夫妇签完单后，太太笑着问我："洪先生，知道我们为什么主动打电话约你吗？"

我摇摇头，一时语塞。

"因为我们看到了你那则人生不能辜负两种人的广告。"太太笑着说。我也跟着哈哈大笑。

坐在一旁的先生笑着补充道："其实这段时间有另一个保险经纪人也在联系我们，但是我太太执意要约你！"

我真诚地对这对夫妇表示感谢，同时侧过身对先生说："你太太希望你能记住今天签的两份保单，不辜负你太太对你的爱！"三个人哈哈大笑。

永远从客户的长远利益考虑签好每一张单，是我工作的原则。每次约见潜在客户，我不一定总能成功签单，但我相信我每次都会把专业知识、良好信誉和美好形象留给他们，因为我不只是在讲解保险产品，更多的是与他们畅聊人生，分析政策，讨论子女教育，探讨创业前景等。

要把"保险"二字贴遍多伦多华人的家门口，光靠我一个人是不行的，纵使我有三头六臂。要想遍地开花，就要广撒种子，就要一群人一起做，不能单枪匹马打天下。

我通过刊登广告及转介绍这两种方法，在一个多月里招收了十多名愿意投身保险行业的人，并对他们开展培训和实战训练。我一边辅导他们学习 LLQP 课程，以便顺利通过专业考试取得从业执照证书，一边讲解人寿保险和重病保险的具体内容，告诉他们如何根据客户家庭财务状况选择合适的产品，同时重点培训他们如何开发市场——我的十年从业经历告诉我，这是在这个九死一生的行业中存活的关键。我鼓励他们每天走出去接触各个阶层的人，不管是熟人还是陌生人。

我带头这样做。

一天上午培训结束后，我告诉大家，我昨天约了一位客户喝茶，他是搬家工人，每天会接触很多人。聊天中我问他："你有没有合适的客户可以介绍给我？"他迟疑了一下，然后说："有一个人可能值得你去认识一下。"

接着他讲了他和同事去这个人家中搬家的情形：他们刚进门，男主人就指着餐桌上摆放的一大堆快餐，有牛肉饼、炸薯条、咖啡和饮料，热情地招呼他们几个人先吃东西："你们先吃饱喝足，再开始干活。"转身离开前还补充一句："从进门开始就算工作时间。"在加拿大，搬家是要按小时计费的。男主人是想让他们放心地慢慢吃饱再干活。其实他们都是在家吃过早饭才来的，但干这种体力活，消耗很大，他们的饭量也都很大，所以他们也就没客气，美美地吃了一顿。

"我觉得这么大方友善的人值得你去认识，而且他家很大，家庭财务状况应该不错。"这位客户对我说。

"太好了！麻烦你告诉我他的姓名、电话和地址吧。"我说。

"我只能告诉你他家的地址，其他的信息不方便透露。"他把地址给了我。

我把这件事对台下的同事们说完后，问他们："我决定去上门拜访这位大方的客户。有谁愿意跟我一起去？如果成功签单，我分30%的佣金给他。"

一片寂静，没有我期待的回应。

"我跟你去！"大约几分钟后，一名女经纪人举手响应。

她叫小吴，是湖南妹子，性格泼辣，整天乐呵呵的。几年前她的先生因病去世，因为先生生前没有购买人寿保险，所以她只能带着小儿子艰辛度日。她的保险意识很强，后来加入了保险经纪行业，刚刚转到我的公司。

正值寒冬。我与小吴一起去拜访客户那天，满天飞雪，道路很滑，我小心翼翼地开车。客户家门口的车道上也积满了冰雪，我们深一脚浅一脚地跨过车道，来到门口按响了门铃，但没有人来开门，屋内静悄悄的，主人应该不在家。于是我把预先准备好的一个袋子挂在门锁上，里面装着一本台历和我打印好的一封信。信的内容是我的自我介绍和公司业务介绍，并表达了我希望有机会为他们提供服务。

第一次拜访就扑了空。回到车上,我看了一下小吴,她朝我笑了笑,没有说什么。

"下周我们再来一次。"我以坚定的口气对她说。然后问她:"你还愿意跟我来吗?"

"愿意!"小吴平静地回答。

二顾客户家是在一个雪后晴天的好日子,也是我们的好运日。那天客户在家,而且女主人还十分热情地招呼我们进屋坐。

"我们上周曾经来拜访,你们不在家。我们放了一个袋子在门锁上。"我开口说道。

"我看了你们的信件和产品资料,我们有兴趣了解这方面的内容。但我先生目前在国内,要过两三个月才回来,这件事需要他来做决定。"女主人十分坦诚地告诉我们。

我用了十几分钟大致讲解了加拿大的人寿保险计划的功能和税务优惠,然后便向女主人告辞,并约好等她先生回来后我们再面谈。

虽然当天没有成功签单,但这次陌生拜访是成功的,极大地鼓舞了大家的士气,伙伴们纷纷走出去,以各种方式拜访亲戚朋友和陌生人。第一个月,大家就签了5张单,之后几乎每周都有两三张单。

春暖花开的时节，那位男主人回到多伦多，女主人主动给我打电话约见。

我们非常幸运。与男主人第一次见面就签下了一张保额很大的终身分红保单。男主人不仅是一位非常成功的企业家，而且有很强的家庭责任感，对人寿保险也非常认同。与对待搬家工人一样，男主人对我们也非常尊重友善。

整个团队都沸腾了，大伙都为我们的成功欢欣鼓舞。小吴获得了一笔可观的佣金，乐得心里开了花。勇敢地举个手，跟着强者朝前走，是小吴成功的开始。自那以后小吴的业绩一直很稳定。

有一天，小吴带了一个刚取得证书的经纪人来公司见我。

"洪先生，听小吴介绍了你的成功经验，我想加入你的团队，但我有一个前提条件，就是你必须用一周的时间陪我去见我的七八个潜在客户，如果能签两张单，我就加入你的团队。"这位经纪人在考验我的能力。对此我不仅没有不悦，反而欣赏她的直率坦诚，这也激起了我的好胜心，我当场答应了她的要求。

在接下来的一周，我陪她去见了她的五个朋友和潜在客户，前后聊了七八次。有两位在一次面聊时就签单了，另外两位是第二次面聊时签单的，还有一位是过了几个月之后签单的。

其中一个潜在客户是这位经纪人的朋友，她面聊了几次都没有说动客户。我预先了解这位潜在客户的家庭情况，以及他拒绝保险的原因。他除了本职的互联网工作外，还自己做二手房交易业务。那几年楼市比较热，他获利颇丰，于是恨不得把家中的每一分钱都投入房地产行业，哪舍得每月花二三百块买一份只有发生意外才能获得赔偿的人寿保险呢。对很多人来说，当下的利益远比未来的获益更叫人向往。我同时了解到，他的家庭收入极度倾斜，他的太太没有工作，两个孩子尚且年幼。虽然他很能干，收入很高，但两份工作压得他筋疲力尽，30多岁就显现出中年人才有的沧桑感。

"我知道你非常能干，一人做两份工作，而且做得非常出色，也赚了不少钱，是事业成功的典范。"见到这位潜在客户，我先真心地赞扬了他一番。听到我的夸奖，他很兴奋地和我分享他是如何在二手房行业成功获利的。我非常认真地倾听，还时不时地赞美他几句。一个多小时过去了，他也没有结束谈话的样子。后来他讲累了，停下来喝口水。我不失时机地问他："你整天没日没夜地奔波，开着车四处买装修材料，会不会觉得很劳累很辛苦？"

"是这样的。有时在高速公路上遇到堵车，我刚减速，就会不自觉地睡着，后面的车按喇叭我才惊醒过来，继续跟着前面的车飞奔。"

"这样很危险啊！"我关切地说，"其实我自己也常常这样。紧张劳累一整天后，傍晚回家路上，遇到堵车减慢车速时，眼睛就不自觉地闭上了。有一次没有踩紧刹车板，咣当一声就'吻'了前车的车屁股，只好花两百块现金私了。"

"可不是嘛。"太太马上接住我的话茬，"我在家每天都为他担心，只有等到他平安到家了我的心才平静下来。"

"万一有什么意外发生，你的太太与孩子谁来照顾？"我用严肃的语气问先生，并用犀利而坚定的眼神直视他的眼睛。原本滔滔不绝的先生顿时语塞，五六分钟后他自言自语地嘟囔："是啊，我怎么没想到这一层呢？赚钱赚得我都昏了头。这么说，辛苦赚钱更不能忘了买保险。"

"是这个理啊！你买车险，买房屋险，唯独不买人的寿险。万一你发生意外，没有人寿保险作为保障，你的车和房都保不住，太太和孩子的生活没了依靠，你的辛苦等于白忙啊。"我很认真地对他说。

"谢谢洪先生！听君一席话，惊醒梦中人。"先生的双手与我的双手紧紧地握在一起。

这位先生当场签了一份20万加元额度的终身分红保险计划，夫妇二人万分感激地把我们送到门口的停车场。

终于这位经纪人心服口服地加入了我的团队，并且很快成了我的得力助手。

"洪先生，身边的朋友一个接一个地和我们签单，没有买保险的人越来越少，我们的生意也会逐渐清淡，最后就没得做了，是不是到了某一天就得改行？怎么才能像你说的那样，把这作为一个可以为之终生奋斗的职业呢？"有好几个经纪人做了一年后，身边的人都买保险了，还没买的潜在客户越来越少，他们开始心里发慌，便向我提出了这个问题。

我没有正面回答，而是趁着最适合旅游的夏季，带领团队去加拿大最著名的旅游胜地、世界七大自然奇景之一——尼亚加拉大瀑布度假，全部费用由公司承担。

尼亚加拉大瀑布的英文 Niagara Falls 在印第安语中意为"雷神之水"，它是由北美五大湖区尼亚加拉河上的三个瀑布组成。最大的瀑布是位于加拿大境内的马蹄形瀑布，因其形如马蹄而得名，宽 670 米，落差 57 米，尼亚加拉河 90% 的水量从这个瀑布倾泻而下，气势磅礴。长年不断的水来自安大略五大湖之一伊利湖，经尼亚加拉河奔泻入安大略湖，再经圣劳伦斯河流入大西洋。由于伊利湖和安大略湖的落差高达 99 米，大瀑布所在的地方落差有 50 多米，所以水流湍急，无比壮观。每年有数十万游客慕名而来，无不为之震撼。

这里的蓝天与河水一色，异常壮美。另外两个瀑布是美国境内的美利坚瀑布和由山羊岛隔开的新娘面纱瀑布。

团队中的多数人都来过这里，但是当大家再次站在巨大的岩石旁目睹大瀑布飞流直下、轰鸣声不绝于耳的奇景时，依然禁不住兴奋雀跃，平日里的艰辛奔忙似乎已被完全忘却。这确实是一个治愈烦恼和悲伤的好地方，聆听大自然的声音，忘掉生活中的所有不快。我还安排全体伙伴乘坐霍恩布洛尔号尼亚加拉游轮，在20分钟的时间里，近距离体验大瀑布的壮观，亲身感受层层水雾笼罩中风狂雨骤的强烈震撼。成百上千只海鸥迎着瀑布的浪花上下翻飞、左右穿梭。它们不畏艰险，逐浪而上、乐此不疲的样子，深深地感动了伙伴们。团队的晚餐地点是在云霄塔顶的旋转餐厅，是顶级的自助餐。伙伴们尽情享受大龙虾、三文鱼、牛排，还有数不尽的甜点、蔬菜、水果和饮品。

当然，所有这一切都不是白白享用的，它是我下一周培训的重要资料。

"大瀑布之行怎么样？"培训一开始，我便问大家。

"玩得开心，吃得满意！老板，下个月再安排一次。"大伙七嘴八舌地嚷开了。

"除了吃得好、玩得好，还有什么感想吗？"我引导大家静下心来思考我安排这次活动的真正用意。

会议室顿时安静了下来。

"你们看到大瀑布,除了为它的壮观所震撼,有谁可曾想过,瀑布的水每时每刻每天每月每年都在流,可能已经流了几百年、上千年,难道流不尽吗?"

听了我的问题,所有人都沉默了。

"是啊,怎么就流不尽呢?那是大自然的神奇力量。""可能是上天的旨意,河水快干的时候就会下雨以补充水量。"大家议论纷纷。

"流不尽的瀑布。"我拿起笔在黑板上写下这六个大字作为上联,然后要求大家填写下联。十几分钟过去了,仍然没有人想出来。

"签不完的保单。"我在黑板上写出下联。

"哇,太棒了!"底下有人尖叫起来。此刻伙伴们终于明白我带他们去观看大瀑布的良苦用心。

接着,我讲述了一段我做保险十年的亲身体会:"我的客户中,年龄最小的是刚出生的婴儿;年龄最大的是60多岁的退休老人,我们的产品可以说是老少咸宜。因为人的一生会经历几个不同的阶段:孩童时代,有远见卓识的父母会为子女申请第一份人寿保险,用很低的成本为下一代打下坚实的财务基础；结婚成家后，会为了保护爱人而申请人寿保险；购买自住房后，会申请人寿保险，以防万一发生意外而失去辛苦还贷得来的物业；退休前后，如果财务状况良好，会增加一份遗产保险，以减少遗产税，多留一些财富给下一代。那么，一个客户一生中，至少有四次向我们申请人寿保险的机会。"

伙伴们纷纷点头赞成。

我接着说："有一大批新移民成了我的客户。他们的收入增加后就会为子女安排一份人寿保险；他们把父母带过来之后，还会为父母购买一份安葬费保险；他们的子女有了下一代，他们还会为孙子孙女购买终身储蓄保险。"

接着，我讲了一个客户小王的故事。我2001年认识她时，她还是一名二十出头的女生，刚到多伦多不久，在制衣厂工作，每月挣将近2000加元。除了房租、伙食和交通费之外，她很少有别的开销，每月能节省上千加元，她打算用来置业，以及申请父母来加拿大团聚。

我问她："你愿意考虑买一份人寿保险吗？"

她反问我："买这个有什么用处？"

我说："人寿保险的主要功能是，万一有事发生意外或身故，可以获得一笔赔偿金，留给自己指定的受益人。"

"我还没有结婚,可以指定父母亲为受益人吗?"她直截了当地问我。

"当然可以!"我十分确定地告诉她。

"那我就买一份。我爸爸妈妈辛辛苦苦把我拉扯大,现在他们老了,指望我为他们养老送终呢!万一我在加拿大发生意外,也可以有一笔钱寄回中国尽我最后的孝心。"小王很坚定地说。

我给她安排了一份年缴保费 600 加元、保额 10 万(占她年存款的 6%)的终身分红人寿保险。几年后她成功申请父母来到加拿大,又约我去她家,帮她父母各安排一份终身保险。她结婚后,生了两个男孩,她也都为他们配置了终身分红保险。几年前,她的肉食加工厂生意稳定,又找我买了一份退休保险。所以,一个信任你的客户,会给你带来源源不断的生意。我相信,如果小王几年后当了奶奶,四世同堂,那么他们四代人都会是我的客户。

"啪!啪!啪!"一阵热烈的掌声在伙伴们中间响起。

最后我又补充道:"加拿大每年吸收三四十万新移民,其中 20%~30% 来自中国大陆。源源不绝的移民不就是流不尽的瀑布吗?要坚信有签不完的保单。这就是我们的永恒信念。"

听了我的讲解,伙伴们个个振奋不已,热情甚至一度比观赏大瀑布时还要高涨。

"伙伴们，我还想问大家，你们有没有注意到在瀑布前的河流间翱翔的成百上千只海鸥？"

有几个人举手回应我。

"有什么感想吗？"我笑着问。

"它们好勇敢啊！"一个女经纪人赞扬道。

"是的，它们不愿意像大多数伙伴那样在各个城市的广场上站着，眼巴巴地等待行人的施舍。"我用对比的方式激励大家，"我们从事艰辛劳累的人寿保险销售工作，就是要成为在大瀑布激流前翱翔的海鸥，成为高尔基热情歌颂的海燕。这就是我们保险从业人员的伟大精神。有了这样的信仰和精神，我们就一定能在保险行业中永远向前！"

又是一阵更加热烈的掌声……

十几年过去了，当年的伙伴大都成长为多伦多华人保险业的精英。每次他们遇见我时都会对我说："洪先生，你的那句'流不尽的瀑布，签不完的保单'一直鼓励和支持我们在保险行业里前行，并一步步走向成功！"

参观大瀑布后，我还写了一首小诗向大瀑布致敬：

奔腾千里为一跃,
直泻百米化雾烟。
只知此程西归去,
不问明日是何年。

> 植根于我心中的这种责任感,让我很快从保单得而复失的懊丧情绪中走了出来,但我的心结还是没有打开:那位客户为什么会有三次截然不同的表现——接受,修改,拒绝?

第9章
适合的就是最好的

人的一生难免会作出一些错误的选择和令人后悔的决定。但是我敢肯定,一个人在任何时候购买一份自己负担得起保费的人寿保险计划或重大疾病保险计划,都是正确且不会后悔的决定,然而很多客户常常要花很多时间——甚至几年——才作出这个决定,大部分保险经纪人也都是与客户见面好多次才能签下一张单。

这不仅是在毫无意义地浪费彼此的时间,更会给客户造成很大的损失:受保人年龄增大,保费会相应增加,身体状况变差保费也会增加;还有人会因为出现某些疾病而被保险公司拒保,最差的情况是来不及申请保险就因为意外事故或者重病去世，造成终生遗憾。要知道，世界上的很多东西都可以用金钱买到，但人寿保险和重疾保险不一样。如果你的健康条件不符合保险公司的承保标准，花钱也是买不到保险的。

然而在现实生活中，有不少人都没有意识到这件事情的重要性。

记得有一个炎热的夏天，时常有阵阵暴雨突然从天而降。

有一天，客户老李给我转介绍了一位准客户，他住在大多伦多地区西部的密西沙加市，距离我的办公地点有50千米左右。那天上午9点多，我沿着401高速公路驱车西进，刚上高速不久，炎炎烈日便突然间消失在云雾之中，接着就是倾盆大雨。即使我把雨刷器的摆动速度调至最高，车辆的挡风玻璃仍然被瓢泼似的雨水完全覆盖，路上的车辆都降低了车速，蜗牛般地朝前爬行。大约两个小时后，我才把车停在了准客户所在公寓的停车场上。暴风雨还在肆虐，我几乎出不了车门，然而与准客户约定的时间已经过了一个小时，我不能再耽误了，便不顾一切地推开车门，拎起电脑包，顶着倾盆大雨，越过停车场冲进了公寓楼。

到了客户家，我落汤鸡般的模样把准客户看愣了。他赶紧递给我一条干毛巾。我擦干头发，但身上的湿衣服是无法更换的。在非常疲倦的状态下，我坚持向准客户做了第一次需求分析和产品介绍。他当天就选择了一份终身分红保险，并在申请表上签了字。

离开准客户家时，阵雨已经停歇，又变成烈日当空、万里无云的天气。我虽然又湿又饿又累，但是客户顺利签单给了我新的力量，我心情愉悦地返回公司。多伦多的夏季常常是这样，老天爷很任性，一发怒就大雨倾盆，心情好转了立马晴空万里。

大约三周后，保单批了下来。我和这位客户约好去给他送保单。那天明明是个好天气，早上去公司时还晴空万里、微风拂面。可当我在高速公路上行驶了半小时后，老天爷又变脸了，又下起了倾盆大雨。我好不容易来到客户公寓楼的停车场，雨还在下个不停。我再次冲入雨中，再次浑身湿漉漉地给客户介绍他选定的产品，并递上已经获批的正式的保险合约。

"洪先生，我想改变我的计划。"客户没有接我递过去的合约。客户改变想法、调整原先选择的计划是正常的，是可以理解的。

"没问题，你打算怎么改？"我笑着问他。

我带着合约回到公司，根据客户的要求做了修改并重新出了单。

一个星期后,新的保单合约送到我的办公桌上。我和这位客户约好第二天给他送过去。

老话说事不过三,然而当我开车上了高速公路不久,又一次暴风雨突然而至。到了停车场,我第三次冲进雨中……

当我第三次落汤鸡般地走进客户家时,我心里隐约闪过一个声音:这是最后一次了!

果不其然,这真的是最后一次了。但不是客户痛快地接受他修改后的保单,而是客户有些不好意思地对我说:"洪先生,我又改变主意了,我现在不打算买人寿保险了。"

虽不能说是晴天霹雳,但至少可以说是当头一棒。我一下子愣住了,一句话也说不出来。这可是我三次在狂风骤雨中来回穿梭,这可是我花费了十几个小时的劳动,这可是他亲自选定并且认真修改过的计划呀,怎么能淡淡一句"不打算买"就完了?!

我心情郁闷地回到公司。一张保单得而复失是常有的事,我不至于因此失落,但这位客户反反复复的做法却让我有了反思:他为什么会这么做?是因为他性格优柔寡断?没有强烈的风险意识?或是财务状况不稳定?后来他的朋友告诉我,我猜测的这三个原因他都符合。

三次见客户，三场暴风雨，这种看似巧合的自然现象，其实也象征着保险经纪人风雨兼程的艰辛的职业生涯。因为这对我来说并不是第一次。记得有个冬天的上午，大雪纷飞，北风凛冽。我安坐在办公桌前，一边品尝着香郁的咖啡，一边自言自语：今天终于可以不用在外面奔波了，可以悠闲地看看电脑，浏览一下八卦新闻了。然而一杯咖啡才喝了一半，手机铃声响了。

"请问是洪先生吗？"

"是的，哪一位？"我回答。

"我姓郑，有个朋友向我介绍你，说你是一位很敬业的保险经纪人。我想买一份10年期的人寿保险，今天你有空来我家给我介绍一下吗？"

"今天？"我犹豫着反问了一句，外面的风雪世界让我望而却步。

"今天我休假，不用上班。"对方坦诚相告。

我没有犹豫和退却的理由了。他住在市中心的唐人街，我只能开车走高速公路。那是一条在峡谷和高山间穿行的高速公路，蜿蜒起伏。风雪交加时在这条高速公路上行驶是相当危险的，然而我还是出发了。雪在下、风在吹，路面湿滑，我开着车，缓慢地在冰雪覆盖的路面上爬行。一个多小时后终于平安地到了客户家。签单的过程很顺利，不过回来的路上依然风雪交加。其实，我从这一张 10 年期的小额保单中所赚取的佣金，可能还不够支付往返的汽车油耗，但我必须冒着可能发生交通意外的风险，因为我们保险经纪人的责任就是帮助客户解除风险。这件事是不能等待的，因为风险不可预知。也正因这样，人寿保险公司才会诞生，并且百年不衰。

植根于我心中的这种责任感，让我很快从保单得而复失的懊丧情绪中走了出来，但我的心结还是没有打开：那位客户为什么会有三次截然不同的表现——接受，修改，拒绝。我回忆了一下前三次见客户时他的面部表情和行为举止的变化。第一次见面，听完我的产品介绍后，他说自己特别喜欢终身分红保险，因为这个险种会在人发生意外死亡时给予赔偿，退休后也可以提取一定数额的现金作为退休金的补充，百年终老后还能留下一笔免税遗产给亲人，等于满足了人一生不同阶段的需求，所以他当时毫不犹豫地选择了这种产品，并且始终满脸笑容；第二次见面，他提出修改计划时面部表情比较严肃，他没有更换产品，而是把保额减少了 1/3，年缴保费也相应降低了 1/3，显然他是担心未来 20 年间他的支付能力是否稳定，或是舍不得每年支出的保费；第三次见面，他拒绝我时的表情似乎透着一种无可奈何。

人寿保险是一种几乎人人都会喜欢的金融产品，很多人的拒绝或拖延并不是因为产品，而是因为他们在乎保费。他们觉得，要每年支付保费，连续10年、15年、20年甚至终身，却不知道什么时候能得到赔偿，甚至获得赔偿时自己已经不在了。这么想的话，似乎也能够明白那位客户的态度为什么会有变化了。通过分析和理解，渐渐地，我也能够更加坦然地面对客户的拒绝和反悔了。

人寿保险推销工作的复杂性还在于，现实生活中除了有这种想法容易反复的客户之外，还有一些主动要求购买人寿保险并且自始至终都义无反顾的客户。他们的表现准确地印证了我在本章开头说的那段话：及早地买一份自己负担得起的人寿保险，将是永不后悔的决定。

有一天，一位名叫阿绵的中年女性给我打电话，说是她的亲戚推荐她找我的，她想买一份人寿保险。阿绵的个子比较矮，有些突出的颧骨让她黝黑的脸庞更显刚毅，但她的表情丝毫没有刻板冷凛，反而一直是笑眯眯的。她热情地招呼我进门。一个很好相处的中年女性——这是她给我的第一印象。当我在她家客厅的沙发上坐定后，阿绵便开始介绍起自己。

原来她是我的同乡，来自中国南部的一个小县城。几年前她的丈夫因为车祸不幸离世,撇下她和年幼的两儿一女。直接促使她不远万里来到加拿大投奔舅舅舅妈的原因是,她的兄嫂一直欺凌、刁难她,甚至霸占了几乎全部家产。其实从阿绵自身的条件来说,她并不适合移民加拿大,当时她已经快40岁了,没读过什么书,普通话都说不好,更别提英文了。她没有任何专业背景,以前丈夫在世时,他们在家乡小县城做小生意。她唯一的技能是会做些针线活,她最大的资本就是勤奋、努力,能干各种粗活,而且很聪明。

我们见面的时候,她已经到加拿大一年多了,经朋友介绍在一家犹太人开的制衣厂做裁缝,拿着最低的薪水。但她愿意加班,而且干活认真,从不偷奸耍滑,所以即便语言不通,与老板沟通困难,老板也非常喜欢和信任她。犹太人看重的是工人的创收能力。每月2000多加元的收入,在这个勤俭节约、持家有方的女人手里,一样把他们四口之家的生活过得有滋有味。三个未成年的孩子都在家附近的中小学念书。

"你一个人带着三个孩子过日子不容易呀,还能想到买一份人寿保险?"我用闽南语与她交流。

"洪先生,正是日子不容易,才更应该买一份人寿保险!"阿绵用略带低沉的声音回答我。

"如果没有人寿保险,万一我也像我先生一样发生意外,那我的三个未成年孩子就会流落街头。"阿绵简洁明了地说出心里话,"有工友告诉我,万一有意外,政府会管孩子的,但我不太确信,而且我也不忍心把孩子们都托付给政府。如果我有一份人寿保险,我的舅舅舅妈就可以用赔偿金帮我把孩子们带大。我觉得这个办法靠谱。我没有什么文化,我的这个想法对不对,洪先生?"

阿绵用那双真诚又有些固执的眼睛盯着我。

我的内心被震撼了!

"我们的日子过得这么不容易,哪有多余的钱支付保险费?"这是我从业十几年来听到最多的一句话。在没有阳光的地下室,在杂乱无章的厨房,在摆放着简单饭菜的餐桌上,在一张张疲惫憔悴的脸庞面前……我听过无数次这样无奈的拒绝。我除了投以同情的目光之外,只能安慰他们:日子会渐渐好起来的,等有了多余的钱,我们再谈人寿保险的事。

"正是日子不容易,才更应该买一份人寿保险!"阿绵的这句朴素而有力的话让我这个自称保险行业高手的人禁不住脸红心跳。为什么我不能也不敢坦诚地对那些低收入家庭说出这句话呢?因为我总是不忍心让他们从艰苦的日子里每月挤出这几十块钱,我担心别人说我为了自己的业绩而强迫低收入家庭买保险……我有太多太多的顾虑。

我强忍着泪水，打开手提电脑，一边输入阿绵的个人信息，一边坚定地低声回答阿绵："你的想法是对的，万事靠自己！"

在回公司的路上，我的脑海里还一直不断回想阿绵的话。这个年近四十的文化程度不高的中年女性，如同一座巍峨的高山耸立在我的心中。她那张坚毅的脸庞，那双率真的眼睛，她对子女的强烈责任感，还有她对生活的热情和勇气，一直在我面前闪现，久久不散。

在收入并不高的情况下，是什么促使她果断且主动地每月节省100多元，用来购买一份人寿保险？是风险意识、家庭责任和社会担当。这三种优秀品质同时出现在她身上，实在难能可贵！

大约10年后，阿绵的大儿子从中学毕业，开始做工，从室内装修到更换屋顶，什么脏活、累活、危险活他都愿意做，拼命地帮助母亲养活一家人。他们很快攒够了首付，在多伦多北部的万锦市买了一栋独立屋。次年，大儿子结婚了，阿绵又主动约我帮她大儿子买了一份人寿保险。又过了两三年，阿绵的二儿子从中专毕业做了电工，也有了稳定的收入，阿绵再次约我帮她二儿子买了一份人寿保险，她自己也增加了一份保单。又过几年，她的女儿也出嫁了。很快，阿绵又抱孙子又添外孙女。两年前，阿绵一口气为她的三个孙子孙女都买了终身分红保险。全家人一起努力，又先后买下一栋独立屋和一栋半独立屋。

如今，两个儿子各住一栋独立屋，阿绵自己住一栋半独立屋。她把一楼改装成窗帘加工厂，可以不用再去工厂上班了，以前的老板负责把原材料送来，阿绵加工，过几天老板再来取走成品。因为阿绵技术好，活做得漂亮，又按时交货，犹太人老板宁愿自己上门取货也不想失去这么好的工人。去年我去阿绵家参观她的加工厂，她还是那张坚毅的面庞，那双率真的眼睛，有些突出的颧骨，只是多了一副眼镜，用绳子绑着随意地挂在脖子上。

一个普通的中年女性，除了从国内带来的少数资产外，全凭自己的一双手，还有两个儿子的努力，在短短的十几年间，买了三栋房子，一家人拥有7张终身人寿保单，还有充裕的现金流。她是我的客户朋友中最值得我敬重的一位。

还有一对中年夫妻也给我带来很多的惊喜和很大的冲击。他们移民加拿大是为了给在车祸中受伤导致智力低下的儿子更好的生活。他们想和残障儿子一起创业，希望他能自力更生。他们在尼亚加拉找到了一个适合一家三口共同经营的杂货店。这对夫妇特地找到我购买了人寿保险，并对我说：

"如果我们夫妻发生意外不幸身亡，儿子可以靠这笔赔偿金活下去。"现在他们的儿子已经基本适应了社会生活和杂货店的经营业务。他们高兴地说，即使将来他们不在了，也不用再担心儿子的生存。

没有人能预知自己的寿命有多长。人们知道自己何时出生却无法预见自己何日离去。就在我写下这段文字时，惊闻一个朋友突然离世了，他才六十出头，此前还在安排退休计划呢！最让我震惊的是，他一直认为自己身体很好，平时还坚持练气功，十几年前还因此拒绝购买人寿保险。

关于风险意识，不仅保险经纪人根植于心中，其实很多其他行业的人也都具备。天灾、人祸、疾病、终老，无时无刻不在加强人们的风险意识。与风险意识较强的客户相遇时，可以说是道相同与之为谋。谋什么？谋一个符合他们家庭现状和需求的人寿保险计划。年缴保费、保险额度、保险品种，以及保险公司，是客户筛选的四大因素。很多保险经纪人因为不完全清楚这四者的关系而白白浪费自己和客户的时间，交涉多次才能签单，或者保单获批后还一再更改计划，甚至错失签单的机会。

我从多年实践中总结出了一种"一次签单法"。首先，我会去了解客户的年收入、职业稳定性和每月固定开支，根据他的月收入和固定开支，可以大概了解他的现金流情况。再根据以上因素为他制订一个合理的保险计划。合理就意味着，支付保费不会影响他家庭的正常生活，而且可以稳定缴费10年、15年、20年或终身。通常情况下，年收入在5万加元以下的个人或家庭，年缴保费占其年收入的5%~10%；年收入超过5万加元的，保费可以适当增加比例。

为什么要把保费作为首要因素呢？因为人寿保险是一种人们了解之后都会喜欢的金融产品。谁不想给家人一份可靠的财务保障呢？谁不想多一个退休金来源呢？谁不想留一笔免税资产给配偶或子孙呢？客户拒绝签单或延迟签单的主要原因是，购买人寿保险需要长期支付保费，而且不能中断，这需要客户有长期的财务计划，要控制消费欲望，具有长期付费的耐心。所以，只有在保费合理的情况下，客户才会义无反顾地作出签单的决定。而关于保险额度、产品类型和保险公司，客户选择起来是比较容易的。

用这种销售方式，我做到了第一次见客户就能当场签单。这样一来，经纪人和客户都节省了不少时间和精力。

保险经纪人不应该只会推销人寿保险和重疾保险，还应该是理财顾问的角色，其责任是为客户制订全面的理财计划，在客户财务状况允许的条件下，应该一次性为其规划好生命保障、重病保护、退休金补充、遗产安排，以及后代的教育基金和相应的保障计划。

2001年秋天，朋友介绍我认识了刚刚通过投资移民来到加拿大的一家人。夫妻俩三十出头，男的帅、女的美，他们举止优雅，谈吐得体。首次见面我就很庆幸能遇到这样的客户。我一边品尝女主人递过来的香茗，一边聊他们的财务状况。这位先生在国内经营一家电子通信企业，事业非常成功，他的太太全职照顾年幼的儿女。这是一个高净值客户，有比较充裕的现金储备，公司每年也会产生稳定的现金流。多年积累的专业经验告诉我，可以一次性为他们做一个全面的家庭财务规划。

于是我从人寿保险、重疾保险、退休金计划、遗产规划，到子女的教育基金，以及早期保险储蓄等方面，为他们做了一次全面的介绍。

我是这样说的："大多数家庭都很难留有大笔现金，比如几十万上百万。为什么？因为普通家庭每年的收入扣除税收和生活开支后已所剩不多，可能有几万元，要累积几十万上百万可能需要十几年甚至二三十年。在这个过程中还会有各种消费诱惑，比如买新车、换大房子、旅游度假、购物等，我们都是一边积蓄一边消费的，所以要攒下几十万上百万简直是'蜀道难，难于上青天'。即便是成功的企业家，也更倾向于把盈余用于再投资。可是在我们的一生中，在家庭的发展不同阶段，免不了会有急需大量现金的时刻，比如家中突然有人得了重病，经济支柱不幸发生意外甚至身亡，等等。此时如果家中没有储蓄大量现金，该怎么办呢？在当今的金融工具中，只有保险公司的重疾保险和人寿保险可以为客户解决这些难题。买一份几十万的重疾保险或上百万的人寿保险，当家庭成员不幸发生重疾或是意外时，就能获得一大笔赔偿金，而且是完全免税的。客户唯一需要承担的责任就是每月或每年缴纳一定数额的保费，而这个数额通常只占你收入的5%至10%，是完全能够负担的。"

在我讲解的过程中，女主人频频点头，她的先生则坐在一旁笑眯眯地听着。

"如果上天眷顾我们一生平安直到退休，"我接着说，"那我们还需要足够的退休金，且几十年不能间断发放，这也是很大的一笔钱，它同样需要多年积累，这就是退休养老计划。"

讲解完毕后，我用期待的眼神望着客户。

"讲得很清楚、很明白！"女主人高兴地称赞我，然后侧身看着坐在一旁的先生。"我也听得很清楚，这几种计划都很不错。"先生附和他的太太。

这时我打开电脑，一边问他们的出生年月日一边输入，然后直奔主题："多大的保额是你们现在考虑的？"太太望向先生。

"每人100万。"先生稍作思考便说出了这个金额。

只用了大约半小时，我们便达成了共识：夫妻二人每人100万终身人寿保险，每人50万重疾保险，同时，两人每年共同投资2万加元购买万能保险，作为他们的养老金计划。

接着我又讲解了子女教育基金的内容："政府用补贴的方式鼓励家长为子女购买教育基金，家长每年为子女存入2500加元，政府就会补贴20%即500加元。"

"这种计划我们参加。"夫妻二人异口同声地说，"就算政府不补贴，我们也会为孩子的未来存钱的。"于是两个孩子各一份教育基金的计划也很快敲定。

最后我告诉他们，给未成年子女购买终身分红人寿保险所需的保费，只占父亲或母亲的1/5左右，而且这个保险还能为子女将来创业或置业提供可供借款的现金价值。对于把子女的未来置于首位的中国父母来说，这个险种有极大的吸引力。思忖片刻，夫妇便一致同意给儿女各购买一份30万额度的终身分红人寿保险。

就这样，我与客户一家谈成了9个保险计划，年缴保费总额 5 万多加元，终身分红保险缴费年限是 20 年，重病险缴费 15 年，教育基金只需缴至孩子 18 岁。

"每年大约 5 万加元的保费，你们认为这个数额和占年收入的比例，合适吗？"在聊完所有保险计划后，我再次认真地与客户做一次核实。太太转过身笑眯眯地望着先生，先生是家庭的经济支柱。

"每年 5 万元的保费我们完全可以负担，我们除了有稳定的收入，还有相当数量的存款。"先生不假思索地回答。果不其然，在签单后的 20 年间，他们每年按时缴保费，从未间断。

"我们今天先不签申请表，"我主动向客户建议，"这些计划是你们家长期的财务规划，虽然你们已经很清楚内容并且也决定了，但我还是建议你们再考虑几天，以便真正确认这些计划是完全符合你们的财务状况和实际所需的。三天后我再来拜访你们。"

听了我的建议，原本打算当时就签申请表的夫妻二人都愣了一下，随即就明白了我为什么这么做。

"洪先生，谢谢你今天的专业讲解和时间安排，我们三天后再见面。"先生十分高兴地与我握手告别。作为一名商界成功人士，这位先生明白他遇到的是一个专业、负责、诚信的财务顾问。

三天后我如约与客户见面。先生热情地迎我进门。坐定后,我把打印好的9个保险计划拿出来,一式三份,郑重地给夫妻二人各递上一份,然后仔细地重复讲解了一遍。

讲完后我认真且诚恳地问他们:"经过这几天的考虑,你们确认这些计划符合你们的实际情况和需求吗?"

"是的!"先生爽快地回答,"就按照这些计划来。"

坐在一边的太太也朝我点头表示赞同。

接下来的两个小时,我与夫妻二人一起,填写了9张表格。他们签完字后,我收好所有文件,告别客户回到公司。

"9张申请表!来自同一个家庭!洪先生签的!"前台秘书在公司里大声地喊叫着。当时在公司的几个经纪人闻声都从办公室里跑出来,惊愕的、赞叹的、喊叫的……各种声音都有。

有个经纪人挤到秘书跟前,一把抓过那叠申请表,一张一张地数着。"9张!真的是9张!"她像是在为我作证似的大声喊叫着。

第二天中午,公司的伙伴们与前台秘书一起,拉着我去附近的餐厅,狠狠地宰了我一顿。

紧接着的周一例行培训课上,我以"全面理财,一步到位"为主题分享了我的成功经验。

2002年8月中旬,应全球华人保险业大会的邀请,我来到大连参加"第四届世界华人保险大会暨2001年度龙奖颁奖典礼"。大会的主题是"赢向未来"。主办方安排我做一场专题演讲,我的演讲题目是"寿险行销的五层职业境界"。具体来说,一是上门推销,二是建立转介绍网络,三是剖析社会制度,四是树立专家形象,五是客户主动上门求教。我认为,只有从上门推销逐步升级到客户主动上门,人寿保险事业才能有真正的未来。

会场挤满了400多名听众,20多次热烈的掌声贯穿我讲演的全程。尤其是当我讲到一次签9张单的案例时,与会同行们都沸腾了。会后竟有20多人前呼后拥地跟随我来到我入住的酒店,问问题、交换名片、合影留念……忙活了一个多小时,过了晚餐时间大家才依依不舍地离开。

这次大会的主办方颁发给我一个"德才兼备"的奖牌。

> 我把终身分红人寿保险作为一种毫无风险、稳定回报的投资产品来销售，突破了人寿保险仅仅作为保障性产品的局限性，从而大大拓展了客户群，也大幅度增加了每张保单的额度。

第 10 章
服务高净值客户

21世纪的中国，在不断创造财富神话，这是中国坚持改革开放，大力推动发展经济，积极引进外资等一系列政策的显著成效。东西方国家充分进行交流融合，更多的中国企业家和投资者来到加拿大。多伦多皮尔逊机场和温哥华国际机场的入境处，普通话、粤语、闽南话……中国各地的方言与英语、法语等国语言交织在一起，仿佛世界语言大融合。政府各部门联合各大银行、保险公司，以最快的速度成立或壮大了汉语普通话服务中心。当你拨通某一机构的客户中心服务电话时，通常都会有三种语言供你选择：英语、粤语和普通话。机场接送、移民公司、中文教育、英文补习等机构也如雨后春笋般涌现。

包括我在内的很多同行都很快意识到,加拿大华人保险行业将迎来一个质的飞跃。

当我第一次见到王先生的时候,他刚移民到加拿大不久,住在我家附近的一处联排别墅区。移民公司的一个朋友告诉我,王先生不肯长期住酒店,就买了这套别墅,他没有到处比价,只是看到这个新建成的别墅离他先前住的酒店仅隔一条街,便买了。

王先生很热情地招呼我坐下,为我泡了一杯大红袍。他中等身材,体格壮实,满脸笑容,率直诚恳,尽显山东男人的豪爽,是那种第一次见面就让人乐意与之交往的人。

和这样的人谈事情,拐弯抹角既浪费时间也会令对方厌烦。恰好我也是一个不喜欢绕圈子说话办事的人,便开门见山地说,我拜访他的目的是向他介绍加拿大的人寿保险计划。

"可以的,洪先生,你就给我讲讲吧,我很乐意了解这方面的计划。"王先生的积极回应有点出乎我的意料,我暗自思忖:他怎么会有这么强的风险意识呢?

随着交流的逐步深入,我了解到,王先生之前在国内有家矿产企业,他是白手起家逐渐把企业做大的强人,深知创业的艰辛和风险,也从中领悟到保险的重要性。

我用了半个多小时介绍加拿大人寿保险行业一百多年的发展史和主要险种。

随后我对王先生讲了我对资产累积和保护的理解:"在一般人的财富累积过程中,首先考虑的当然是财富的增加,但是当财富累积到一定数量时,就应该同时考虑如何保护,以及如何有效地传承给下一代。"王先生点点头表示赞同。

"要达到这两个目标,终身人寿保险是最好的选择,因为它有十大资产保护功能。"我接着说。

"这么多好处?"王先生半信半疑,"你一一列出来给我听听。"

我一口气说出我对终身人寿保险的全面理解:"一是生命风险保护:由于它的杠杆作用,一旦保单生效,即便受保人只缴了一个月保费,万一不幸发生意外,也能获得赔偿。二是资产价值保护:人寿保险单一旦生效,即刻便锁定了与保额对应的资金价值,这部分价值还可以因为分红而递增,但绝不会减少。三是税务豁免保护:人寿保险理赔金、分红或增加的保额,均免缴个人所得税。四是债务清算保护:人寿保单不纳入破产清算的资产,保单是不会被查封没收的,受益人获得的理赔金也无须用于抵债。五是婚姻变化保护:

购买的人寿保险属于个人财产，不计入夫妻双方共同财产，不会因为婚变而被平分。六是资产传承保护：人寿保险理赔金无须缴纳个人所得税和遗产税，便于分配给多个受益人。如果没有明确指定的受益人，那么保险理赔金将作为受保人的遗产，按照《遗产法》进行分配。如果有明确的受益人，则按照指定的比例进行分配。还可以根据子女的个人情况进行分配，继承方式是多样化的，甚至可以转入信托，从而避免因财产分配不公而引发的争议和诉讼。七是个人隐私保护：保险理赔不走法律程序，无须登记，受益人信息能得到更好的保护。整个理赔过程由保险公司完成，理赔金直接付给受益人。八是法律法规保护：人寿保险公司如果破产清算，则由第三方再保险公司无条件接受所有客户的保单，承保内容不能有任何改变。九是政治风险保护：任何政治团体及政府机构不得非法干预保险公司履行赔偿或者给付保险金的义务，也不得限制受保人（重疾保险）或受益人取得保险金的权利。十是战乱萧条保护：无论是战争还是经济萧条，人寿保险计划的赔偿金与现金价值都不会受影响，可以将这部分资产保护起来用于家族事业的重振。

听完我的介绍，王先生当场决定申请两份大额保险：一份终身保险和一份终身分红保险。以他当时不到40岁的年纪，

100万额度的终身人寿保险,每年需缴保费9000多加元,如果平安无事,连续付满20年后就不必再付。我对王先生说,这个计划相当于在未来的20年间陆续投资20万加元,任何时候去世都可以留下100万免税资产给子女。王先生虽然文化程度不高,只读到中学,但他是个非常聪明的人,对数字也很敏感。尤其是作为一个成功的企业家,他深信这种计划的回报率是相当合理的。

在很多人的传统观念里,对人寿保险都有一个误解:越是富有,越不需要保险。他们以一些成功企业家为例:这些企业家十几年前刚创业时,背负高额的债务,子女幼小,现金储备也不多,那时候人寿保险对他们来说是必不可少的。但创业成功后他们已还清债务,孩子也长大成人。他们拥有豪华住宅,企业发展顺利,每年为他们提供稳定的高收入,银行账户里也有可观的存款,可能还有数以百万计的投资资产。如此看来,人寿保险似乎变得无关紧要。

可是王先生这样的富人很容易接受人寿保险,否则不会在与我见面的当天就签申请表。这说明越是富有越不需要保险的观念是错误的。正确的财富观是:越富有就越需要更多的保险,以便更有效地保护自己的财富。

在以后的相处中,我时常会与王先生分享我对终身人寿保险的详细理解。在我看来，终身人寿保险，尤其是分红险，除了具有强大的保障功能外，还是一种非常有效的金融投资产品。与股票、债券、房地产以及银行存款相比，它有以下四点优势。

第一，它永远不会亏本，它从一开始就是赢利的。因为保单一旦生效，保额就不会减少，保额永远大于所缴保费的总和，如果是分红保险，还会将每年累积的红利用于增加保额。第二，以一个无不良嗜好的50岁健康男性为例，按照人均寿命85岁计算，它的年均回报率是税前6%~8%、税后3.84%，与美国标准普尔的历史平均回报率相当。第三，无须投保人参与管理，无论股市、房市如何波动，也不管社会如何动荡甚至发生战争，投保人均可安心度日，无须为市场波动而惶惶不可终日。第四，这部分资产不管是留给配偶还是下一代，都无须进行遗产公证，既避免烦琐的程序也省去一笔不菲的遗产结算费用。综上，终身人寿保险是一种行之有效的投资工具和金融资产。

我对人寿保险的理解获得了王先生的认可。他也形成了一种观念：越富有，保额应该越大。随后几年，他又主动增加了相当数额的终身分红保险。到目前为止，终身分红保险中的资产已经占王先生在加拿大所有资产的相当大的比例。

在朋友圈中他也以此为傲。

"洪先生，我所拥有的人寿保险保额，可能仅次于比尔·盖茨吧？"在一次友人聚餐时，王先生乘着酒兴骄傲地对我和周围的朋友说。

王先生是我职业生涯中的一个重要的贵人。在竞争激烈的市场中，他是高净值的成功企业家，又热情好客，所以身边一直有很多保险经纪人围着，其中不乏美女经纪人，但他只信任我作为他唯一的保险经纪人。对他的支持和信任，我也一直由衷地感谢。王先生对我也很尊重，一方面是因为，我较他年长十几岁，与他哥哥同龄，而山东人一向尊崇孔孟之道，长者为尊；另一个原因是，在我们相处的过程中，我事事认真慎重，从不出错，而且我每年都会把他所有的保单年报表打印出来，约他见面并和他一起认真地看报表。从每年所缴保费、已缴年限、当年分红、分红率与预期的差别、逐年累积的现金价值和保额递增的数额等方面深入研究。由于他时常往返于中国和加拿大，后来索性每年一次性开出所有保单的保费支票，都放在我的公司，由我按时替他缴，我也从来没有出过差错。如果是大额支票，我会单独提醒他，支票账户要提前备好这笔钱，以免出现跳票的麻烦。有一次，他对手下的工作人员说："你们做事要是都能像洪先生一样，我就满意了。"王先生这句率真的话让我更加明白了，相比签单，认真负责细心的服务更为重要！也许正是我的敬业、认真、负责的态度才收获了王先生的信任和尊重。

记得有一次，王先生在家中宴客，主菜是水煮羊肉，是他自己驱车一个多小时到北边屠宰场买了一整只羊，现宰杀的新鲜食材。他还特意安排我坐在他的左边。席间，他夹起一块羊肉，没放在自己的餐盘上，而是转身放到了我的餐盘上。我一时未解其意，惊讶地望着他。"这块肉很嫩。"他不经意地说。我受宠若惊，心中无限感激，并连声道谢。王先生这一不寻常的举动也引来了在座宾客的疑惑和羡慕。这是我终生铭记的一幕。我常常把这件事告诉周围的同事，只有高质量的服务才能获得客户的尊重。

为本书写下上面这段文字后，我第一时间发给远在中国的王先生看，也是想听听他的意见。大约一小时后，他就回复："写得很好！洪先生。看到细节，仿佛又回到我们在一起的那个充满了豪爽和温情的场景。我很珍惜和你的友谊，更佩服你工作的细致和敬业精神。祝你和嫂子健康长寿。有机会回国到山东来玩，我到加拿大也会去看望你。"

得到高净值客户如此这般的尊重，更加激励了我做好保险工作的信心。几年后，当我想要创办一家地产贷款投资公司时,又是王先生第一个出资支持。这是后话。

我猜想,王先生可能在其他朋友面前也称赞过我,包括那位介绍我们认识的移民公司的朋友,后来这位朋友又陆续推荐两家人给我认识。我记得,这两家人也都是首次见面就成功签单了,还都是全家人一起签的。

这里需要回顾一下当时加拿大人寿保险公司的一场并购。我从业开始就服务的永明人寿保险公司并购了加拿大另一家中型人寿保险公司——明信人寿。并购后加拿大的寿险市场归明信原来的高层管理,并且以明信公司的产品为主,永明人寿原有的拳头产品——分红保险取消了,不再销售。当时永明人寿的经纪人则面临两个选择:一是合并入明信公司,销售他们的产品;二是到市场上选择一家保险代理公司,这是一个独立的销售系统,可以销售加拿大市场上几乎所有保险公司的产品。好处是客户有更多的产品选择空间,缺点是经纪人不属于任何一家保险公司,需要自己租办公室、请助理,开销会比较大。经过比较和分析后,与大多数销售高手一样,我选择了后者。我认为,站在维护客户利益的角度选择合适合理的产品,比捆绑在一家保险公司更重要,我承担更多的开销是次要的,客户的利益才应该被放在首位。后来的事实证明,我做了一个非常正确的选择。当永明人寿原先的分红保险停止销售后，我从市场上找到了另一家大公司宏利金融的分红保险计划。这个产品与永明人寿的分红保险具有同等的优点：在过去的100多年里，年均投资回报率都稳定在7%~8%。

前面说到的两个家庭，在对不同公司的产品进行比较之后，不约而同地选择了宏利金融的分红保险。其中一家人因为要回国继续经营他们的企业，所以选择每年多付一些保费，把原本要付20年的保费，在6年间就付清了；另一家坚持每年付费至今，稳定的红利使他们的保额几乎翻了一番。客户都很喜欢这种开放式产品，能以固定保费支付终生，因为他们知道，人的年龄越大，保费就越高，再加上保险行业已连续两次提高保费率，所以如果新购买同样额度的保险，保费会高出一倍。

我把终身分红人寿保险作为一种毫无风险、稳定回报的投资产品来销售，突破了人寿保险仅仅作为保障性产品的局限性，从而大大拓展了客户群，也大幅度增加了每张保单的额度。这种产品尤其受到高净值客户的欢迎，受保人也不局限于他们的父母，而是老少咸宜。

我这个销售理念的重大改变以及我对终身人寿保险的全面理解，使我的销售业绩屡创新高，从2002年开始，我成为全球百万圆桌会议成员。

百万圆桌会议是全球寿险精英的最高盛会。1927年，当时美国32名销售业绩在百万美元以上的寿险营销员聚集于美国田纳西州菲斯市，参加美国寿险协会会议。他们梦想成立一个全美国性的论坛，相互交流经验，以便分享高标准的寿险销售理念，规范和提高保险营销人员的职业道德标准，树立寿险营销人员的良好形象。全球百万圆桌会议应运而生。今天它已发展成全世界数以万计的寿险从业人员参加的行业盛会。

百万圆桌会议提倡并实行"全人理念"：

家庭（Family）——与配偶、子女、父母、兄弟、姐妹以及其他家庭成员共度有意义的时光，努力把分享、关爱、互相尊重和坦诚作为家庭成员之间关系的基石；

健康（Health）——通过有助于促进身体和心灵健康的学习、膳食、锻炼以及生活习惯来保持健全的身心；

教育（Education）——通过不断的智力开发，追求充实的人生，热衷于一切有意义的追求，丰富自己及他人的生活；

事业（Career）——不断努力提高工作效率，在职业上赢得更多尊重，追求新知识与技能，为行业及专业组织贡献力量，身体力行，以自己为榜样，通过指导和带领同行，帮助他们在事业上取得更大的成就；

服务（Service）——为社区和公众组织、教育机构、政府、民间慈善团体以及其他高尚的事业贡献时间、精力、领导力和财力，并且不计较回报；

财务（Financial）——指导如何量入为出，享受并分享劳动成果，知道如何在生命的不同阶段配合制定和实施创造、积累和保存财富的计划；

精神（Spiritual）——遵照个人的信仰生活，在帮助别人更加成功的同时，不断追求自己在精神层面的成长。

我无比尊崇这种"全人理念"，并尽力在此后的生活中实践它。它不仅使我成为一个销售高手，更是不断地帮助我成为一个高尚的人。

进入全球百万圆桌会议，让我的职业生涯达到了一个新的高度。截至 2013 年，我已经 10 次获得这个殊荣，也因此成为百万圆桌会议终身会员（Qualifying and Life Member），是加拿大寿险行业中最早获得这个荣誉的华裔寿险经纪人之一。

终身人寿保险，特别是其中的分红保险，不仅具有独一无二的保障功能，还是各类资产中不可或缺的一部分——我用这个金融理念不断地扩展业务。与此同时，加拿大人寿保险行业的专家和高管也在不断地树立并完善这个理念，最终形成了人寿保险行业的一个重要理论。我认为这是加拿大寿险行业在 21 世纪快速发展的重要原因之一。也正是在这个理论的指导下，各大人寿保险公司对分红保单进行了彻底的改进，允许客户投入比普通终身保险更多的保费，使得保单首年就有较多的现金价值，以及相当于年保费 4%~6% 的红利（如果客户选择每年兑现分红），大约从第四年开始，每年红利率稳定在 4%~5%，而且连续 30 年左右（具体年限取决于投保人的年龄）的红利均无须缴税，相当于其他需缴税的传统投资产品有了 7%~8% 的回报率。这种长年稳定、不亏损又无须缴税的金融产品，吸引了大批资金充裕且有投资意愿的客户，尤其是高净值客户。他们毫不犹豫地选择每年投入几万、十几万甚至几十万加元的保费，也由此产生了不少年保费超过百万加元的超级保单，这与以前每年几千加元保费的保单简直是天壤之别。根本原因在于，这些高净值客户认为，这是一种只赚不亏、回报率高又无须缴税的投资：它比银行存款的利息高太多了，比炒房省事多了，比股票基金安全多了。他们把这种分红险作为家庭资产的重要组成部分来长期持有。

在20多年的保险从业生涯中，我深刻地体会到，这都是由管理水平非常高、专业水准位居全球前列的团队在运作的。他们能够在100多年的时间里经受住金融危机、经济衰退、世界大战等天灾人祸而始终保持历史平均回报率6%左右的骄人业绩。这是一种能为客户带来多种收益（终身保障、每年分红、现金累积、身故赔偿及信托管理）的高质高效的金融产品，也是我主要销售的产品，我和我的客户都从中获益匪浅。

2017年，永明人寿保险公司的高级市场销售主管韦恩·米勒（Wayne Miller）等人联合发表了一篇专论《人寿保险是一种资产类别》（*Life Insurance as an Asset Class*）。这篇论文根据美国著名经济学家哈里·马科维茨（Harry Markowitz）的现代投资组合理论（MPT）及其基石进行分析与实例论证。

现代投资组合理论量化了谨慎的投资组合，达到期待中的最高回报与最低风险的完美结合。哈里·马科维茨因此获得1990年诺贝尔经济学奖。韦恩·米勒等人的这篇专论认为人寿保险是一种资产类别的主要依据是，分红保单中每年的红利都比较高并且非常稳定。

这篇论文进一步分析说，正是分红保单的每年红利比较高且稳定，所以保单保额的年增长也相当稳定，是一种在未来岁月里可以预测的资产，受保人任何时候发生意外身故或百年寿终正寝时都能确定这份资产的存在；它完全免税并且在短期内（通常不会超过一个月）即可完成理赔手续；在各类家庭资产中，这部分资产通常最容易兑现，不像房产等固定资产，需要等待合适的买家。

这篇论文一直放在我的办公桌上，它的理论与我的实践紧密结合，不断为我创造新的销售里程碑。也是在这一年，我的销售业绩攀升到一个新的高度，我成为世界环球百万圆桌会议的顶尖会员。

有两个真实的案例，可以帮助我们更具体地理解终身分红人寿保险作为一个资产类别的特别优势。

第一个案例是，一位39岁的女性客户，2005年时购买了一份宏利金融的 100 万加元额度的终身分红保险,年付保费 23575 加元,计划连续付 20 年,总保费为 471500 加元。到我写下这个案例的 2021 年 7 月,她这份保单累积的资产已达 1796861 加元。到她 85 岁时,保单资产将达到 450 万加元,相当于总保费的 10 倍;如果这位客户去世,那么留给受益人的这笔资产也是完全免税的。

第二个案例是,一位 36 岁的男性客户,2011 年从永明人寿公司购买了一份额度为 50 万加元的终身分红保险,年付保费 13020 加元,计划连续付 20 年,共保费为 260400 加元。截至 2021 年 7 月,这份保单的资产已经增加到 592636 加元。到他 85 岁时,保单的理赔金将达到 300 万加元,也是总保费的 10 倍还多。

终身分红保险的资产增值如此之大也令不少客户产生了质疑。我对他们解释道:除了每年稳定的回报之外,增值大的另一个原因是,保险计划中的资产如静物一样安静地躺着不动,在 20 年、30 年、40 年、50 年甚至更长的时间内,无须报税的红利一直在用复利的方式带动资产滚动,如同滚雪球。

长期的稳定回报和复利滚动,就是钱生钱的最有效的方法,因此复利效应也被金融界称为世界八大奇迹之一。爱因斯坦说过，世界上最强的力量不是原子弹，是时间加复利。

2005年，在美国布鲁克林工艺大学任教60年的欧斯默夫妇相继去世。两人膝下无子女。有关部门清理他们的遗产时发现了一个存有8.57亿美元的账户。一对收入普通的教授哪来的这笔巨款？经查才发现，早在1960年，欧斯默夫妇就把仅有的5万美元积蓄交由股神巴菲特打理，45年未动分毫，到他们去世时，这笔钱的平均年回报率已高达24%。购买终身分红保险，就相当于把一笔钱交由保险公司打理，并且长期不动。许多客户对这个解释是理解并接受的。

2008年3月31日至4月7日，我在"七海水手号"游轮上，参加宏利金融公司举办的全加拿大顶尖销售经纪人的高峰论坛。"七海水手号"是丽晶七海邮轮公司运营的一艘游轮，是世界上第一艘全套房、全阳台的游轮，于2002年被《海洋与邮轮新闻》杂志授予"年度最佳船舶"。此外，它是第一艘在船上餐厅提供巴黎著名的蓝带国际学院餐饮课程的游轮。它的员工与客人的比例是1∶16。宏利金融包下这艘拥有350个套房的游轮，组织了一个几十人的团队，招待来自全加拿大数百名销售高手以及他们的配偶。

我与同伴们尽情地享受着阳光沙滩、美酒佳肴和精彩演出，算是对过往日夜辛劳的一次犒赏。然而销售精英们从来不会放弃学习,即便在这样的休闲娱乐中,大家也会每天抽出几个小时面对面交流经验,因为我们都非常珍惜这种高手相聚的机会。公司还组织了几场精彩的演讲,从销售理念到市场开发,从税务规划到遗产计划,内容包罗万象,这进一步提高了精英们的专业水平。

  站在游轮的最高层,清晨观日出、傍晚看落日,感叹天地之神奇、宇宙之深邃。一望无垠的蓝色大海既载着游轮朝前方驶去,又仿佛随时能卷起大浪把小小游轮吞没。人世间的沉浮漂泊、成败荣辱,又何尝不是如此。

> 理财风险就像压在普通民众头上的一座大山,其结果是,许多人辛苦劳动半辈子也积攒不了足够维持退休后体面生活的钱。在这样的背景下,我决定与几位高净值客户一起,实现财务自救。

第11章
实现财务自救

夏季姗姗来迟,2008年6月的多伦多比往年更加祥和安乐。美国次贷风暴似乎吹到尼亚加拉大瀑布就偃旗息鼓了。加拿大股市虽有动荡,但整个国家并没有受太大影响。银行业和保险业,由于遵循传统,一直秉持稳健保守的经营策略,加上政府监管严格、专业人士经验丰富,不仅没有出现经营危机、濒临破产或求助政府,反而十分平稳地渡过了这场全球风暴。几大人寿保险公司的分红产品的年度分红率仍然维持在7%~8%的水平。

2008年的全球七国集团峰会选择在加拿大沙勒瓦市召开,同年,全球寿险业百万圆桌会议也选择在多伦多举办,这不像是一个伟大的预见，只能说是一次巧合，或是历史发展的必然。

全球近8000名寿险业的顶尖成员，于2008年6月22日至26日聚集到了多伦多市会展中心，大家并不只是想登上加拿大国家电视塔顶观赏安大略湖的壮丽风光，而是更多地专注于一个略显沉重的话题——改变生活。

人生如此美好快乐，何须谈论"改变"？

因为美好快乐的人生并非永远！

在这次大会上，我的一位同行——来自美国的戴夫先生讲了一个故事，那是他的真实经历。

2001年9月11日，阳光明媚，气候宜人，美国纽约街头，成千上万的人们在享受着自己的美好时光。戴夫和他的新婚妻子刚从外地度完假回到纽约。在从机场开车回家的路上，收音机里播放了一条震惊全球的新闻：纽约世贸中心的一栋塔楼被一架突如其来的客机撞塌……

戴夫惊呆了！他不由自主地祷告：千万不要是北塔！那里面有一家著名的投资公司，里面有一批金融界的精英，有十几人都是他的客户和挚友。

然而被撞的正是北塔，随后南塔也未能幸免。

美好的生活为何会在瞬间化为灰烬？戴夫无法回答这个

问题,也没有人能回答。

"只差 24 个小时。如果我早一天回到纽约,并且一早按时去上班,那么我的太太也会成为寡妇!"戴夫在台上哽咽着说,"我们这么小心地规划人生,却永远猜不透这个世界会发生什么灾难。虽然第二天太阳照样从东方升起,但是世界已经彻底改变了,有些同胞我们再也见不到了!"

"我感恩自己幸免于难,"戴夫擦去眼角的泪水接着说,"上天让我活下来,就是要我去尽义务履行责任的。"

事发第二天,戴夫就从煎熬和绝望中清醒过来,他知道作为一名寿险从业人员,他马上要做的事情就是拜访所有受难客户的家人,尽快完成他们的理赔手续,把大额支票送到受益人手中。

那十几名至今都不知道自己为什么会突然死去的金融精英,都在 40 岁左右,正值当打之年,却给他们的家庭留下了孤儿寡母和大笔债务,包括未偿还的房屋贷款、汽车贷款、信用卡账单、子女教育费用,以及未来几十年的生活开支。

"当我的客户在人寿保险申请表上签字并缴纳首期保费时,我对他们的家人说,万一灾难降临,我一定会照顾他们的。"戴夫回忆道,"现在,是我履行职责,去照顾这些家人的时候了。"

在随后的日子里，戴夫为这些不幸的家庭一共送去3000万美元的赔偿金。所有的家属几乎都眼含热泪对戴夫说着同样的话："多亏你为我的先生安排了一份人寿保险，否则我和孩子们就要搬出现在的房子，可能再也没有车可以开了，每天的牛奶面包也可能随时中断，孩子们恐怕也无法接受良好的教育……天真的要塌下来了！"

"请不要感谢我，"戴夫也很激动，语无伦次地告诉这些家属，"请你永远记住你的先生，是他对家人的真诚爱心和强烈责任感促使他购买了人寿保险计划。我们也要为这个文明社会有如此健全的寿险业而庆幸。是这个有着悠久历史的传统行业，谨慎小心又卓有成效地管理客户的保费，任何时候都有能力为不幸遇难的客户的家庭提供最坚实的保障。在不可预测的灾难降临时，能为受难者家属送来大额支票的，只有人寿保险公司。同时也要感谢政府，这笔赔偿金无论金额多大，都是免税的，也无须经过繁杂的遗产验证手续。"

"伙伴们，只有在为受难客户的家人送去理赔支票时，我们才能真正明白保险从业人员工作的伟大意义。"戴夫的目光注视着台下几千名同行。

随即，暴风雨般的掌声回应着这次大会的主题——改变生活，甚至改变人生！

戴夫用下面的话结束了他的发言:"我们寿险从业人员所从事的工作,是让我们周围的客户在动荡不安的年代能生活在一张安全网里。我们肩负着使命、承担着责任。这是一项崇高的职业!"

又是一阵雷鸣般的掌声。数千名寿险精英,上到七八十岁的老兵,下至二十几岁的新秀,齐刷刷地站了起来,挥舞着大会的标记牌,甚至摘下帽子,向戴夫挥手致意。

如同众多事物都有两极一样,人作为万物的主宰者,一方面要为难以预测的风险做准备,及早购买一份合适的人寿保险,另一方面也要自问:假如我年年平安、无灾无难活到85岁、90岁,甚至100岁,我一生的储蓄够不够用?政府的养老金能够满足我的基本生活需求吗?

如何为客户提供终生稳定的收入,成了这次大会主题"改变生活"下的另一个议题。

试想一下:假如你65岁退休,活到85岁,那么你需要20年的稳定收入;假如你退休后每年需要7万加元的生活开支,而政府只能给你提供2万加元的养老金,那么你自己需要支出5万加元。按照3%的通胀率,你的生活费会逐年增加,到了第20年,大约会增至10万加元。那么你应该在退休后存够多少钱，每年的投资回报率是多少，才可以过上安稳的退休生活？更可怕的是，在科学和医疗日益发达的今天，人们会越来越长寿，活到90岁甚至成为百岁老人已不足为奇。到那时，钱花光了怎么办？

"我不知道什么是地狱，"一个同行在发言中说，"但我能肯定，一个人到了年老多病又没钱的时候，一定会生活在地狱里！"

正因如此，全球寿险业不但要肩负起为遭遇不幸的客户家庭送出理赔金的重担，还要承担起为婴儿潮一代提供终生稳定收入的历史责任。

"改变生活"的主题就是在这一双重奏中进行的。

银行存款利息低，而且利息需要缴税；股票和债券波动大，风险因素多，都难以担负起为客户提供终生稳定收入的重任。

摩西·A.米列夫斯基（Moshe A. Milevsky）是加拿大约克大学的金融专家，致力于研究当今社会变化给退休计划带来的挑战。他在这次大会上做了主题演讲，详细分析了影响人们退休生活质量的不可预测的三大风险：一是投资回报风险，如果一个人在熊市或者市场调整时期退休，他的收入将会受到严重的影响；二是通货膨胀和消费的风险，比如某人今年退休后的生活开支是3万加元，那么20年后将需要6万加元；三是长寿风险，人们很难为不可知的长寿安排终生的退休收入，如同漫漫长夜难熬到天明。

这就是为什么所有接近退休的人都必须学会如何安排一个可以控制风险并持续提供收入的退休计划。人没有被动收入是举步维艰的。被动收入是指，你在吃饭、睡觉、旅游时仍源源不断流入你账户的资金。

对风险控制有着丰富经验的人寿保险公司，则一直致力于提供并不断改善这类金融产品。比如拥有上百年历史的年金险（Annuity），客户交给保险公司一笔钱，保险公司便根据当时利息和未来利息走向为客户提供终生收入，直至客户去世。宏利金融公司新推出的年金险产品，则保证客户可以从投资总额中每年提取5%的现金，直至去世，无论股市和债券市场如何波动。

最后，大会主席吉姆·罗杰斯（James Rogers）在总结发言中表示："我们寿险业一定有能力把人们的生活变得更加美好，既为我们的客户和他们的家人，也为辛苦奔波在寿险业的从业人员。"

我连夜把大会中几场精彩绝伦的演讲整理成一篇文章，标题是"改变人生"，发表在当时多伦多最具影响力的中文报纸《大中报》上。我写道：任何一个人的一生，要么发生意外或身患重病过早身故，要么平安多福寿比南山，无论哪种命运等着你，你都需要一大笔现金或者不能中断的稳定收入，而人寿保险公司能够同时承担起这两大重任。这实在是金融业的奇迹。

这篇文章引起了当地华人社区的广泛关注和讨论，也为我带来了源源不断的业务。

2008年是全球金融市场有史以来最黑暗的一年，它发生了摧毁全球金融市场和经济生活的次贷危机。2008年6月多伦多的全球百万圆桌会议，实际上是在风雨飘摇中举行的。三个月前，全球五大投行之一的贝尔斯登公司因濒临破产而被摩根大通收购，另一著名投行雷曼兄弟也正战战兢兢地艰难前行。好在加拿大是这场金融风暴中西方国家的唯一幸存者，各大银行和保险公司都安然无恙，这多少给了与会者一个风平浪静的港湾。然而，大会结束后不久的9月15日，雷曼兄弟宣布破产，一场有史以来最严重的金融危机终于在全球范围内爆发。

所有的人——从亿万富翁到平民百姓——都遭受了不同程度的损失。我的客户中没有亿万富翁，只有平民百姓和高净值企业家。有一天，王先生请我吃饭，席间他说："我来多伦多也有七八年了,参与投资了一些地产项目,但都没有赚钱,有些甚至亏本。如今金融危机,投资赚钱更难了。虽然终身分红保险是很好的金融产品,但它需要很长时间才能获益。洪先生,你能带我们一起投资吗?只要年回报率稳定在6%~9%就可以。"

一直以来,我就想依照加拿大几大人寿保险公司分红保险池的投资组合方式,成立一家投资公司,达到年均6%~9%的稳定回报率,以便帮助我的客户,以及我自己,在拥有人寿保险的同时,也能拥有稳定回报的被动收入。

我作出这个选择是基于金融市场与普通民众之间的信息不对称。普通人是先用劳动赚钱,然后从中取出一部分去做各种投资,再实现赢利。第一种选择是把余钱存入银行,利息通常很低,甚至远低于通胀率,导致有限的财富还不断缩水,赚钱的却是银行;另一个选择是,把钱交给理财顾问作投资,理财顾问大多会帮客户选择互惠基金,无论基金的表现是盈是亏,基金公司都会收取1.5%~2.5%的管理年费,所以基金公司也是只赚不赔,市场的风险则完全由客户承担。无论是以上的哪种情况,理财风险就像是压在普通民众头上的一座大山,其导致的直接恶果就是,许多人辛苦劳动半辈子也积攒不了足够维持退休后体面生活的钱。

在这样的背景下，我决定与王先生及其他几位高净值客户一起，实现财务自救。

经过一番市场调研，我选择自住房的第二贷款模式，具体来说就是：假如有位客户拥有一栋自住房或投资房，经过物业评估公司估价，市值为100万加元，那么他的总贷款额最多可达75万加元（房屋市场价的75%），行业上称之为抵借价值（Loan of Value）。通常客户会有从银行借出的第一贷款，比如65万，那么我们可以借给他最高10万加元作为第二贷款。客户也必须符合以下几个条件——有良好的信誉和优良的信用评分；收入稳定，有能力支付每月0.8%~1.0%的利息；要有到期偿还本金的明确方案。

在确定条件和意向后，双方正式开启合作，客户以其房屋作为抵押向我公司贷出资金。对我们来说，有物业作抵押，所以投资风险可控。同时，我们借出的金额会控制在公司总资本金的10%以内，即使某个客户需要拍卖物业还债，所造成的损失也只是公司总资本金的10%中的一部分，只要大部分客户正常还息，公司就能保持赢利。这种投资方式的主要风险在于，房地产市场会不会崩盘。

2010年初，我和几位高净值客户共同出资成立了这样一家地产贷款公司，开始了第二贷款投资业务，共同探索可以获取稳定回报的投资方式。

我们的第一个客户是一位来自韩国的移民。她的自住房是一栋半独立屋，当时市值45万加元，她的银行贷款为25万加元，我们给她的贷款是5万加元。她用这笔钱开了一家朝鲜人参专卖店，并且按时还利息，一年后就还清了5万加元的本金。

有一位华裔客户，是做学生公寓投资的，在正常履约半年后，由于学生放假，她的租金收入锐减，短期内无法按时还息。我们没有马上拍卖她的物业，而是让她暂缓两个月，等学生返校后有了租金收入再分批补缴所欠的利息。

失败的案例也有，是公司成立10年中仅有的一例。那是公司成立的第三年，有个客户用多伦多北部100千米外的度假屋作为抵押借款5万加元，但由于她的进出口贸易公司一度资金周转困难，所以无法按时付利息，无奈之下我们只好与银行一起拍卖这个物业。但由于这个度假屋位置偏僻，少有人问津，加上当时是房产销售淡季，拍卖后的房款还不够偿还银行贷款，我们的第二贷款5万加元也就血本无归了。好在这笔资金只占公司当时总资本金的2%，而其他的业务都正常收回了利息和本金，所以那一年的股东分红仍然维持在8%左右。

我们的投资公司到目前已经运营了 11 年,每年的分红率一直保持 8% 左右。

记得第一年分红时,我拿了一张 1.6 万加元的支票给其中一个股东王先生送去。那天正好王先生又在家里宴请宾客。席间他拿着那张支票站起来,激动地向大家展示,还说:"我移民加拿大快 10 年了,做了不少投资,不是亏本就是上当受骗,总是我开支票给别人。今天是第一次收到别人给我开的支票。我终于在加拿大赚到第一笔钱了。谢谢洪先生!"

一个花钱如流水的千万富翁,那天居然为了这张金额不高的支票如此激动。究其原因,是他终于摆脱了对银行和投资公司的依赖,能够掌控自己的资金,并与朋友一起获利。

就在我执笔写作此书的 2021 年夏季,全球仍处于低息的金融环境中,连保险公司的年金险也无法保障退休人士的终生稳定收入了。以一名 65 岁的男性为例,假设他购买了 100 万加元额度的年金险,那么每年可以从中提取的金额是 57320 加元,假设他 90 岁去世,那么 26 年间共有将近 150 万加元的收入,但他去世后,100 万本金就全归保险公司了。然而在我所管理的地产投资公司,同样投资 100 万加元,无论客户年龄多大,每年的分红都能稳定在 8 万加元左右,26 年累计分红可达 208 万加元,而且到期后 100 万本金仍归客户所有。当然，贷款投资是有一定风险的，但也是可控的，年回报率即使达不到8%，5%~6%也是有的。这个差别告诉我们，投资者是有多种投资方式可以选择的。

而宏利金融十年前推出的分红险产品，也因股市和债券市场震荡剧烈造成公司亏损而停止发售。退休人士要么选择把钱存进银行，以极低的利息坐吃山空，要么把钱交给理财顾问投入股市或证券市场，过着胆战心惊的日子。

在人类越来越长寿的年代，退休人士该喜还是该忧？我们普通的金融从业人员都在勇敢地尝试为客户获取较为合理的投资回报，难道全球的金融机构不应当担起责任尽快开发出能维持老年人体面生活的金融产品吗？

2010年，永明人寿重新回到分红保险市场，推出了一款全新的分红保险，从第一年开始就有相当高的红利分配，而且客户可以把当年的分红以现金形式取回，也可以把每年的分红储存在自己的定期分红账户里，这些分红还能产生利息，这个红利不断累积并形成复利，客户还可以随时提取，如同银行的活期存款账户。让人尤为惊喜的是，前30~35年（根据客户投保时年龄不同有所差异）的红利完全免税。我仔细研究过这个产品的特色后，心头不禁为之一振，立即敏锐地意识到，这是一个可为某些客户提供稳定收益的上好的金融产品。

2014年夏天,一位年轻女士走进我的办公室。她从多伦多大学毕业后就职于某知名会计师事务所,高收入、单身,在父母的帮助下很早就拥有了一套自住公寓,而且手头现金充裕。她不喜欢风险偏大的投资方式,所以一直把大笔现金放在银行里,收取少得可怜的利息。

她问我,如果每月投资1500加元,期望达成两个目的——一是万一她不幸发生意外身亡,能够给她远在中国的父母一笔可观的赔偿金用以养老;二是在她平安顺利的岁月里每年可以有高于银行利息的回报,且无须担心风险——有什么样的金融产品可以满足。

我向她介绍了永明人寿新推出的一款高分红产品。她当时30岁,每月缴费1468加元,万一发生意外身故,她的父母可以获得70万加元的理赔金,相当于360万元人民币;在她健康平安的岁月里,她平均每年可以获得年保费4%左右的分红。看着电脑屏幕上显示的各项数据,她当场签了申请表。8年过去了,她共缴保费14万加元,保单中的累积红利和复利的总额已经达到40981加元。

2015年夏季的一天,我的借贷公司的两名股东一起来到我办公室领取当年分红。这已经是她们第五次来领取分红了。看着数额不菲的支票,她们的脸上也满是笑意。

"洪老师，如果你退休了，公司可能会关门，那时我们的钱又得躺在银行睡大觉了。"其中一个股东不无担忧地说，"我们现在还有不少现金在银行账户里闲着呢。"

"这些闲钱准备自己用还是留给下一代？"我问她们。

"我们也说不准，但是留给下一代的可能性大些。"两人相视片刻后，其中一位回答。

"你们比我年轻很多，我不能一直陪着你们。"我笑着说，"但这个世界上有可以永远陪伴你们的，不过它不是人，而是公司，那就是永明人寿保险公司。它已经存在了160多年，还会一直生存下去，它可以长久陪伴你们。"

两位股东被我的风趣幽默逗乐了，哈哈大笑起来。

在她们的笑声中，我打开电脑，说道："你们现在拥有的终身人寿保险比较符合你们的家庭资产配比，但你们子女的人寿保险额度都比较小。我给你们的建议是，让你们的子女做永明人寿这款终身分红保险的受保人，你们做保单的拥有者。这样一来，保单中的每年红利将以现金的形式分配给你们，相当于你们每年的投资分红，虽然这个分红率平均每年4%左右，比地产借贷公司的分红率低，但它们完全免税，按照其他收入的税收比例算，这款产品的实际回报相当于6%。它一定可以陪伴你们一辈子，为你们提供终生收入，而且完全无风险。"

两位客户当天都签了单,此后每年都按时收到了保险公司的分红,这款产品也将陪她们直到人生最后的时光。

在一次永明人寿的庆典活动上,我应邀作为嘉宾分享了一场演讲,题目是"一个关于太阳与追随太阳的故事",旨在讲述寿险经纪人和保险公司对客户所承担责任的区别。我是这样开始的:

"大家知道,永明人寿保险公司的标志是一轮太阳。大家也知道,若没有太阳,即使地球还会存在,人类也一定无法生存和延续。如今几乎所有的加拿大人都知道,若没有成为永明人寿这种保险公司的客户,将永远生活在不确定里,因为不管你如何精心设计自己的家庭生活,你都无法预知,当"9·11"事件发生,世界各地恐怖袭击发生,日本大海啸登陆,马来西亚客机突然失联时,你在不在事故现场。

"我自打出生后就沐浴在阳光下,但我知道永明人寿却是在48年后,来到加拿大并加入这家公司时,我48岁。依托这家优秀的金融公司和它的优质产品,我为众多客户服务至今。终究有一天,我将再也无法为我的客户服务,但永明人寿可以,它一定能够长久地陪伴我的客户。"

太阳永远照耀人们的征程,客户也将追随"永明"一生。

> 我不仅是一个保险经纪人，还是一个通过房屋信贷业务帮助保险客户赚取稳定收益、为需要的客户提供创业资金、帮助他们致富的投资人。我将投资与保险进行有机结合，拓展了一大批优质的保险客户。

第 12 章
投资与保险的融合

站在多伦多士嘉堡市爱静阁商场的停车场，抬头北望，蓝天白云下，两栋气势宏伟的高级公寓楼和联排别墅混合的建筑群耸立在商场北侧。

后面的一排建筑是多伦多著名的开发商翠德（Tridel）在 20 世纪 80 年代兴建的，是士嘉堡市众所周知的著名豪华公寓楼群，位于 401 高速公路附近，我有两个客户就曾经居住在那里。前面一排靠近商场的爱心大厦（Love Condo）则是 2019 年秋天落成的。也许很多人会以为，开发商也是翠德吧，然而事实出人意料。当地媒体报道：翠德开发的地铁门社区（Metrogate）取得了巨大的成功。今年早些时候，双子座地产（Gemterra）开发的楼盘以多功能为特色成功落座该区北部地段。

要知道，翠德可是自1934年以来安大略省最知名的地产发展商之一，这个双子座是谁，居然可以与翠德相提并论？

后来了解到，双子座是一个非常新的建筑开发商，爱心大厦正是双子座在多伦多开发的第一个项目。但其实这家企业在中国北方已经发展20多年了，总共开发建设了超过100万平方米的住宅项目。它的董事长王振东先生于21世纪初携家人移民加拿大。爱心大厦是来自中国的企业家在多伦多乃至加拿大成功开发的第一个公寓联排混合地产项目，这在多伦多地产界引起了很大的关注。

久久凝视着这排建筑，一个中等身材、健壮结实、神情凝重的中国北方汉子的形象浮现在我的脑海里。从相识、相处到永别，从一起到处看地皮，到楼群动工兴建，我们一起度过了五年多难忘的时光。

2013年夏天的一天，王先生打来电话，说想找我咨询人寿保险的事情。第二天，他和太太、儿子一起来到我办公室。这是我们第一次面对面正式地讨论人寿保险。

其实我们已经认识两年多了。他知道我的公司是从事金融理财业务的，经朋友介绍认识后，他对我一直很尊重，很快我们就成了无话不谈的朋友，时不时聚会、喝酒。那时他忙着四处看地，一心扑在事业上，我也就没有主动约他谈人寿保险和理财计划。有一次，他邀请我陪他和家人一起去大瀑布附近的一个小城市看一块地。当时我们两个家庭已经很熟了，我便携太太一起陪王先生夫妇去看了那块在售的地皮。

　　回到多伦多后，应王先生的要求，我太太开始在网上搜集相关资料，对那块地进行可行性评估。那个小城市人口稀少，且大多是中低收入家庭，所以新房的销售相当困难，虽然地价很便宜，但整体评估后我们还是建议暂时不要购入。王先生夫妇接受了我们的建议，不久后购买了前文提到的位于401高速公路附近的地块，并很快建起两栋豪华公寓及30多套联排别墅。

　　想把人寿保险推荐给朋友，也要先了解朋友当时的生意状况和生活状况，而不是盲目开展业务。

　　当市政府批准这个项目后，王先生又面临一个严峻的挑战：几乎所有的金融机构都不肯为他的项目提供建筑贷款，原因是王先生虽然在中国有长达20年的房地产开发经验，但在加拿大，这毕竟是首次。

　　"用自己的钱先把它建起来！"王先生斩钉截铁地对我

说。我们一起把他的所有资产进行了详细的统计。结论是：如果把他名下的所有资产逐一出售，以当时的市场价，筹集的资金足够把第一栋楼建成。

半年后，这栋大楼的地面部分已经建成。这时很多银行蜂拥而至，纷纷找到王先生，表示愿意以最优惠的利率提供全部的建筑贷款。

当王先生一家人来到我办公室的时候，第一栋楼的房屋几乎预售完毕。王先生一家人细心地听我讲述加拿大完善的人寿保险制度，以及多种人寿保险产品，当天就申请了适合他们的终身分红人寿保险。我们的共识是：房地产开发商虽然资金比较雄厚，但也必须配备一定数额的终身人寿保险，因为它是一种无风险且免税的资产。

2014年8月15日上午11点左右，永明人寿公司总部，因公司总裁兼首席执行官亲自接见一个保险经纪人及他的VIP客户而引起不小的轰动和讨论，这是永明人寿成立150多年中从未发生过的事情。这个保险经纪人就是我，VIP客户就是王先生一家：董事长王振东、太太石玉芝和儿子王岩。

这次会见是当时永明人寿加拿大华人市场部总监约瑟夫·林（Joseph Lin）一手促成的。当约瑟夫把这个请求通过总裁秘书送达总裁邓康岭（Dean A. Conner）手中时，总裁让约瑟夫说出接见的理由。约瑟夫的回复是："1994年，洪天国先生加入永明人寿的首年，就获得了全省新兵销售冠军，此后的近30年间，对永明人寿有诸多卓越贡献。他作为加拿大华人金融专业人士创会会长，带领100多名顶尖经纪人积极推广永明人寿的优质分红保险计划。在洪先生的努力下，仅占加拿大总人口约2%的中国大陆移民，却拥有永明人寿公司人寿保险总销售额中25%左右的份额。这在加拿大保险公司100多年的漫长历史中是前所未有的。而王振东先生开发的地产项目是华人在多伦多建成并销售的第一个公寓楼盘，王先生是永明人寿VIP客户中的代表人物。"

当王振东先生把正在兴建的地产项目资料递到总裁手上时，总裁脸上露出了真诚的笑容，并认真地听取了王岩先生对该项目的介绍。

我又一次感受到，我身后站着的是加拿大十几万户中国移民，他们在加拿大辛苦劳动成功、创业，用积累的财富为这个国家作出贡献。

然而天有不测风云，人有旦夕祸福。几年后，王振东先生不幸因病去世。不仅仅他的家人痛不欲生，我和周围的朋友也悲痛万分。我痛失了一个好兄弟，悲伤之情难以言表。王先生在世时，我们每次见面他都称我为大哥，而且他经常当着朋友的面说，他在多伦多只认我这个洪大哥。

在王先生的追悼会上，我哽咽着发表了悼词，内容如下：

> 振东兄弟，今天您的亲朋好友来为您壮行！昔日我们一起欢聚共饮，今朝竟是阴阳两隔！叹苍天无情，哀人生无常；然而骨肉亲情割不断，朋友情谊永常驻。振东兄弟，您虽然离我们而去，但您的音容笑貌会一直留在我们的记忆中。
>
> 在中国您是成功的企业家，移民加拿大后也是一名成功的房地产开发商。借助您的经验、智慧、勤奋和胆识，这些优质的楼盘才得以建成。我记得您每天清晨都要去工地实地考察工程进度和质量，接着又赶去英语补习班学习英文，下课了再约我们这些好友喝茶吃点心，海阔天空地聊大天。这个项目的成功，充分展现了中国人在房地产市场的智慧和魄力。您是我们所有人的楷模。在生命的长河里，您虽然只走过了60个春秋，但您的成功展现出了最精彩且完满的人生！
>
> 振东兄弟，您与太太一手培养出来的好儿子王岩先生，专注事业、踏实做事、诚恳待人。他一定

不会辜负您的期望，一定会在王太太的协助下完成您的未竟事业。

自古黄泉路上英雄多！振东兄弟，今天我们为您祈福，为您壮行！您可以安息了！

王先生去世后，他的太太和儿子继承他的遗志，最终顺利完成了这个公寓项目。另一个位于万锦市的联排别墅项目也在2021年春天破土动工，预计2023年秋天可以交付入住。同样位于401高速公路区域的另外一片占地12万平方米的多功能商住两用项目，也将于2024年春天开始销售。现在的双子座地产公司已经具备强大的领导力，拥有雄厚的资本，再加上深厚的行业积累和大量的专业人才，将不断开发更多优质新社区。

在爱心大厦北侧，有一个当地著名的高尔夫球场，再往北，则是有名的中产阶级住宅区爱静阁（Huntingwood），小区大门外的街道是爱静阁街（Huntingwood Drive），与肯尼迪道（Kennedy Road）交叉。1992年我们一家人从安大略省伦敦市搬到多伦多市时，就在爱静阁买了一套联排别墅。那时，我们常常从家出发，沿着Kennedy路散步，沿途欣赏高尔夫球场绿草如茵的美丽风景。有时我会停下脚步，呆呆地望着蓝天下悠然自得的白云和白云下悠闲走动的球员，心想：什么时候我也能打一场高尔夫球呢？走到翠德开发的宏伟壮观的豪华公寓楼前，心想：这栋楼要是中国人建的该有多好！

正如我小时候在农村生活时会想着如果有一天能去城市上大学该多好，后来果真考上了南开大学；正如我20世纪70年代初从东北回到北京，站在王府井大街上，仰望着人民日报社发呆，心想要是哪天我也能到这里当记者该有多好，而几年后，我考入中国社会科学院研究生院新闻系，毕业后分配的单位正是人民日报社记者部！

又过了20年后，居然真的有一个中国人在翠德的楼盘前面盖起了豪华公寓楼，更不可思议的是，这位企业家正是我的好兄弟，他们一家人也都成了我的客户。天哪！世间究竟有多少机缘巧合？

"洪大哥，您哪天有空，我去您公司了解一下我几个孙子孙女的人寿保险。"2018年12月初，王太太给我打了个电话。

记得前几年我们聊天时，我和他们谈起过犹太人的理财观念。在大多数犹太人家庭中，每一代人都拥有终身人寿保险，在家庭经济条件允许的情况下，他们还会尽可能早地购买,比如在孩子刚出生时,因为受保人年龄越小,保费就越低。即便是不经商的犹太家庭,也注重投资以积累被动收入。同时他们很清楚经商是有风险的,所以一定会配备终身人寿保险这种无风险且有保障的金融产品。如果家族里的每一代人都拥有足够保额的人寿保险,那么一旦在某一代出现破产或投资失利,陷入经济困境时,无风险且收益稳定增长的终身分红保险中的现金价值即可启动,受保人离世后还可以给下一代留下大额免税保险金,待有朝一日东山再起。

我相信王太太认同我的看法,所以才约我见面。当天,王太太就为她的三个孙辈各自安排了一份终身分红保险。

如何让保险公司顺利批准未成年子女的大额保单,写一封申请信是至关重要的。

我在申请信中写明了申请人目前拥有的资产数额,并注明,她希望用财富转移策略和设立领先基金的方式,把名下资产的一部分提前转移给自己的孙辈。而这两种资产分配方式是政府税务政策和保险公司审批保单时所允许的。

就这样,王太太三份保单顺利批准。

"等他们长大了,我就把这些保单作为礼物送给他们!"王太太高兴地对我说。

两年后,王太太又喜添第四个孙女。她又约我为这个孩子买了一份终身分红保险。

又过了三年,第五个孙女也来到这个幸福美满的家庭,王太太又一次来到我的公司,做她计划中的事。奇妙的是,她的第五个孙女的出生日期居然和我完全相同!

"还会有第六个孙辈吗?"我开玩笑地问王太太。

"儿子儿媳说了,这是最后一个。"王太太笑着回答。

"你最大的责任就是要把王家的财富代代传承下去。"那天临别时,我握着王太太的手说。

"我知道,洪大哥。"王太太坐进黑色轿车,与我挥手告别。

望着远去的轿车,想起我的好兄弟王先生,我在心中对自己说:"我做了自己应该做的事,我亲眼看到了一个中国家族在异国他乡的兴旺和传承!"

每次驱车离开爱静阁区时,我都会一路向西进入大多伦多市的心脏地带,中产阶级聚集的北约克区,驶入几条熟悉的街道,看一看那几栋我钟爱的豪宅。接着朝北驶向大多伦多市北边的富人区列治文山那几条熟悉的街道,看一看那几栋我钟爱的豪宅,然后回到我在列治文山的家。

我为什么时时牵挂着那些豪宅呢?因为它们是我和我的

两个客户共同出资兴建的,准确地说,是我们买下年代久远的旧房子,推倒重建成全新的豪宅,再挂牌出售。

在加拿大,城市里的老式住宅的产权都归个人所有,大型地产开发商无法把整片区域几百栋房子一次性买下,然后全部推倒重建,只能一栋一栋分时段零星重建。做这件事的通常不是业主自己,而是小型地产开发商,业主年迈退休后会把旧宅出售给这些开发商,由他们负责重建,并重新出售从中获利。在多伦多市,这种小型开发商数以百计。来自中国大陆的企业家小任和小敏就开了一家这样的公司。我与他们的合作已达10年之久,我们一起重建了近20套住宅。

我们的合作方式是:他们买下一处旧宅,作为抵押物,从我的公司贷出资金进行重建,我每月收取固定的利息,新房出售后我收回本金,他们获取中间的差价作为盈利。

随着他们的不断成功,他们累积的财富也日益增长。钱多了,理财观念就会由"创富"逐渐转为"创富的同时也要守富",而守富的最佳方式就是拥有足够额度的终身人寿保险。自然而然地,小任和小敏就成了我的人寿保险客户。

小任来自四川农村,聪明能干,为人仗义,中学毕业后在北京从事过销售工作,于21世纪初携太太和儿子移民加拿大;小敏来自上海,是位室内设计师,刚到多伦多时租住在小任的出租屋内，小任热情地带小敏去置办家具和生活用品，小敏结账时不知为何无法刷卡，小任二话没说就掏出了自己的信用卡。

"就凭这件事，我就认定我遇上了一个可以合作创业的合伙人！"事后小敏对我说。那时小任刚开始做租房业务。两人一拍即合，做起了重建房的生意，近十年来做得风生水起。前两年多伦多房市低迷时，不少这样的公司都破产了，可小任和小敏的公司仍然坚挺。

"我们的成功是多亏了遇上洪先生这个财神爷呀，洪先生是我们的福星！"小任和小敏常常这样说。

地产开发最怕的是资金链断裂。当小任和小敏遇上财务困境，无法按时付利息时，我都会给予缓付的优惠；他们的公司若遇上现金周转困难，我也会提供一定数额的无抵押个人贷款协助他们渡过难关。

我并不仅仅是一个推荐人寿保险的保险经纪人，还是一个通过自己管理的资金开展房屋信贷业务，帮助保险客户赚取稳定收益，为需要的客户提供创业资金、帮助他们致富的投资人。我将投资与保险进行有机结合，拓展了一大批优质的保险客户，并且确保他们有足够的收入来支付长达20年甚至更久的保费。

> 这是我从事保险行业近30年里最引以为傲的一次申请经历,我成功挑战了传统标准,让原本无法获批的保单最终获批,帮助客户实现了他传承家族财富的心愿。

第13章
助力财富传承

站在我面前的年轻人20多岁的模样,一米八几的身高,身体壮硕,满脸笑容,乌黑的头发略向上翘,更加显得朝气蓬勃。我不禁眼前一亮。这是一个我非常喜欢的年轻人的样子!

"我叫××,"年轻人一落座,就自我介绍起来,"是我的同学××介绍我来的。"

"非常欢迎你的到来!年轻人,我能帮你做些什么?"我笑眯眯地问小伙子。

"我的家人想买一些人寿保险。之前我们接触过一位保险经纪人,但她总是讲不清楚各种保险产品的区别,也不告诉我们应该如何选择保额，以及年缴保费是多少，只是一味地催促我们快点签单，所以我们听取我同学的意见，来见见你。我同学说你很专业，有丰富的理财经验，善于为客户量身打造适合的保险计划。"小伙子解释了找我的原因。

我用了大约一个小时，给这位年轻人讲解了加拿大人寿保险的制度、保险公司如何管理客户的保费、各种保险计划的功能，以及如何选择适合自己家庭财务状况的产品。

小伙子是某所知名大学的本科生，有比较丰富的金融知识，人又聪明，很快就听明白了。

"我和父母计划从现有的资产中拿出一笔钱，一次性缴清，为我们三人安排三份人寿保险计划。"小伙子直截了当地告诉我，"洪先生，你就按照这个想法帮我们提方案吧。"

通常遇到这种情况，许多保险经纪人都会非常开心甚至迫不及待地打开电脑，输入客户的信息，打印出客户想要的保险计划书。

"年轻人，你爸爸妈妈现在在多伦多吗？"我问道。

"对，他们现在正好在多伦多。"年轻人回答。

"虽然你们已经有了明确的购买计划，你也听得很明白，但今天我先不给你打印保险计划书。"我用缓慢的语气对面前有些急迫的年轻人说，"你今天先回家告诉你的父母，我们今天是如何交流的。我想邀请他们方便的时候来我公司，咱们见个面。"

第二天上午 10 点 30 分左右，年轻人就带着他的父母来到了我的办公室。

他们家姓高，父亲也是高个子，50 来岁，成熟稳重，一眼望去就知道是一位非常成功的企业家；母亲则彬彬有礼，是位很有教养的中年女性。

高先生非常坦诚，一落座就开门见山地说出全家人都想参保的想法，也明确地说了他们的保险预算。

"谢谢高先生在我们初次相遇时就对我如此信任。"我说，"保险计划有很多种，有侧重于对抗风险、保护亲人的；有用来安排财富传承的；有准备退休养老的。你们希望从哪一方面进行选择呢？"

我们开始了 20 多分钟的讨论。高先生说出了他们的想法。我也详细了解了他家的财务状况。最终我们达成共识：高先生与高太太一起买一份联名保险（Joint Last to Die），用以安排遗产和传承计划，受益人是他们唯一的儿子。之所以选择联名保险而不是两人分开购买，是因为这种计划在年缴保费相同的情况下，保额更大，也就是说可以留给儿子的遗产数额更大。同时给他们的儿子安排了一份高红利的终身分红保险，既能为他提供较高的现金价值，作为他毕业后的创业资金，也能为第三代人准备足够的遗产。以上两种计划的结合，可以达到三个目的：儿子未来的遗产继承、儿子毕业后的创业资金，以及孙辈的财富保障。

"洪先生，谢谢你的专业推荐，这两种计划都很符合我们目前的财务状况和我们的想法。就这么定了，我们可以今天申请。"高总果断地做了决定，然后回头望向太太和儿子，征求他们的意见。太太和儿子也都表示赞同。

"好像缺了点什么？"正当大家愉快地准备填写申请表时，高先生突然补充了一句，"子孙后代的事是安排好了，可等我老了，养老金从哪里来呢？"

大伙儿一下子愣住了。我很快就意识到这是高先生的风趣，他在有些凝重的氛围中开了个玩笑。以他现有的资产，这两个计划所动用的资金只占很小的一部分，他怎么可能没有钱养老呢。

"这也有办法解决，"我假戏真做地说，"可以把儿子保单中的每年红利存起来，等高先生你退休的时候提取出来用。"

"老爸，这样也有你一份了！"聪明的儿子马上表示赞同。

高先生也开心地笑了。

此时已经是下午一点了。要把两张申请表填写完恐怕还要一个小时。

"我们先去吃午餐。"我邀请高先生全家,"吃饱了再回来填表也不迟。"

"不用了,洪先生,填完表我们就回去。"高先生说,"你把我们家的保险计划做好,饭就免了。"

"要不这样,你们先回去用餐,我下午把申请表填写好,然后送到你家,与你们核对无误后再请你们签字。"我提议。

"这样也好。"高先生一家起身道别。

4年过去了,我依然没有机会请高先生一家人吃顿便饭。

高先生夫妇的体检结果并不理想。我同时申请的两家保险公司都给出了比正常健康客户较高的保费建议,好在其中一家的报价只是略高一些。对于大额的保单,我通常会申请两到三家保险公司,因为不同保险公司的核保人对客户健康状况的判断多少会有差异,从而会给出不同的保费建议,客户有机会选择保费较低的公司,从而降低成本。

高先生夫妇很快接受了保费较低的那家公司的保单。

我并没有冷落未被选中的另一家公司,而是给该公司的核保人回复了邮件,告诉他们客户原本是更喜欢贵公司的,但因保费略高而被客人拒收。

高先生夫妇回国了,由他们的儿子小高来公司缴费并取单。

"小高,你觉得你父母的这份联合保险足够完成你们家的遗产传承吗?"我坦诚地问他。

"怎么说呢,"小高自言自语,"从你告诉我们关于保险资产应占家庭总资产的合理比例看,肯定是不够的。"

"是想等以后再加保?"我明知故问。

"可能是这样想的。"小高说了实话。

"以后还能有机会吗?"我反问,"你年轻还会有机会,但是你父母现在申请就已经被要求加价了,以后恐怕都不会获批的,因为他们的身体状况只会越来越差的。"

"那怎么办,洪先生?"小高征询我的意见。

"非常幸运的是,其中一家公司的核保人认为你父亲的身体状况是正常的,所以如果你父亲单独再申请一张保单,不仅可以马上批准,而且不会加价。错过这次机会,恐怕会终生后悔的!"

聪明的小高立刻反应过来:"好,我回家后马上和父母商量。"

高先生不愧是商界强人,他了解自己的身体状况,也非常清楚如果能在这个时候申请到一张正常保费的保单,将是一个非常明智的选择。

第二天上午,我接到小高的电话,他父亲赞同单独加保。

我即刻给那家保险公司的核保人发去邮件，表达了客户的感谢，并表示客户希望能从这家公司申请一份保险。

第二天上午，我刚一上班就收到这家保险公司的肯定答复，他们还非常感谢我把这么大额的保单介绍给他们。

大约两年后，各大保险公司纷纷提高保费率。高先生的这张保单节省了相当大一笔保费，如果加上身体因素，省下的钱就更多了。

我没有机会请高先生吃饭，但为他省了一大笔保费，这笔钱足够几百顿大餐的。

"能如你所愿，把你家的保险计划做好，我就满足了。饭不吃也罢。"我暗暗地对远在中国的高先生说。

当然我还是很乐意并期待在不久的将来有机会宴请高先生。

我说过，在这个世界上，几乎可以用钱买到所有东西，但人寿保险不行，健康条件不符合承保的标准，即使加价也不行，很可能会被拒保。不仅如此，即使身体健康的申请人也可能会被拒保，并不是保险公司放着现成的生意不做，而是作为承保人，保险公司会考虑更多的现实因素，比如保额不能超过投保人年收入的 30 倍或个人总资产、未成年人的保额不能超过其父母保额的一半，等等。我曾经遇到几次这样的情况，但我凭借自己的专业经验和真诚的态度，与公司的核保人员进行沟通，成功地扭转了局面，为客户申请到了他们需要的保单。

有位客户杨先生，他的大儿子率真坦诚、忠厚老实，就是不善理财。有一次杨先生把儿子带到我的办公室聊天，希望我能用我的金融理念和理财知识对他儿子的生活观和财务观产生良好的影响。但仅靠聊天作用是有限的。精明强干的杨先生又一次来到我的办公室，对我说："洪先生，我不仅担心儿子的生活，更担心他将来成家后，也不懂得安排一家人的生活啊。"

"也许他会遇上一个善于理财的女孩子，老杨你不用操这个心。"我宽慰他。

"洪先生，你行业经验丰富，头脑灵活，办法也多，帮我想一个适合我儿子的理财计划吧。重点是，不能突然有一大笔钱交到他手上，而要像挤牙膏似的，每月或每年给他一笔生活费。"

我立刻想到了永明人寿保险公司的高红利分红保险。这个产品的红利比较高，而且非常稳定，几乎可以精准地预估未来几十年的分红数额。杨先生作为保单的主人，掌控保单红利的使用权,他的儿子是保单的第二主人,只有在他去世后,他的儿子才有保单红利的使用权,而且保单中红利可以伴随他儿子一生,因为他儿子是保单的受保人。这样一来,可以确保杨先生的儿子每年都能有一笔固定的收入,再败落也不至于流落街头。而当他的儿子去世后,保单的大额理赔金将会以免税的方式直接赔付给杨先生的孙辈。至于他的孙辈拿到这笔巨款后是创业还是挥霍一空,只能听天由命了。

有了合适的产品,那么,保险公司会将这么大额的保单批给还在读大学的年轻人吗?

在写给保险公司承保部的申请信中,我是这么说的:"杨先生的儿子不懂理财也对此了无兴趣,这个年轻人甚至不知道在成家后如何照顾自己的妻儿。所以杨先生希望有一种理财产品可以为他的儿子提供无须自己管理的终生稳定的收入。杨先生要未雨绸缪,在他健在的时候提前安排好这件事。我们保险公司的责任是保护客户资产,就不会对杨先生的诉求坐视不理。"

公司核保部的工作人员是认真倾听客户声音的,很顺利地,一周之内就批准了这张保单。

拿到保单的那一天,老杨拉着我去大吃了一顿以示庆祝。席间,他以茶代酒对我表示感谢:"洪先生,谢谢您帮我解除了后顾之忧!"

还有一位祖传中医师老胡,他与自己二儿子的两张大额保单都获批了,原本是件很开心的事情,可当他坐在我办公桌前和我喝茶聊天时,却是一副心事重重的模样。

"胡医生,你好像有什么心事?"我关切地问。

"我原本计划给大儿子也买一份保险,可他不学好,天天就知道吃喝玩乐。我把他赶出家门了。我留多少钱给他都救不了他。"

"我知道你的苦痛,胡兄。"我安慰他,"好在有老二呢。"

"我想把准备给老大的份额加到老二身上,"老胡说出了他的计划,"可是你一再说,保险公司的规定是未成年人的保额不可以超过父母的保额。我年纪大了保费高,也不可能再加保了。"

的确,保险公司规定,未成年人的保额不能超过父母的保额。这是一条无法突破的铁律。有很多父母想给下一代多买些保险,但我和许多同行都尝试过,均以失败告终。

"我帮你试一下吧,老胡。"

也不知为什么,突破、尝试和创新的想法一下子涌上我的心头。是因为老胡那渴求的眼神,还是我想挑战一下行业的传统规定?

经过一夜的思考,我于第二天上午给保险公司的核保部经理发了封邮件。我在邮件中写道:

> 胡先生出身于中医世家,移民加拿大后继续悬壶济世,在多伦多创办的平衡医疗中心深受患者的欢迎,事业成功的同时也累积了可观的财富。遗憾的是,已经成年的长子整天吃喝玩乐、游手好闲,甚至持刀胁迫胡先生给钱。无奈之下,胡先生只好报警,并将亲生儿子赶出家门。(这段文字是把客户的家庭不幸呈现给保险公司的核保经理,打的是悲情牌。)胡先生只好把传承家学的重担寄托在尚未成年的次子身上。胡先生现在每天亲手传授中医知识给次子,期望他能够获得西方医学的硕士学位,从而将中西方医学进行结合,让传统中医在加拿大发扬光大。为了保障家庭财富并持续累积资金,胡先生恳请保险公司可以破例多批一份大额保单给其次子。(这段文字是借着传承中国传统文化的由头将客户的心愿表达出来,可谓《陈情表》。)

公司的核保经理看了邮件后，仍然不敢擅做决定，但是他并没有直接拒绝，而是交给他的上司——核保部副总裁处理。

核保部副总裁很快以邮件回复了核保经理：

> 你能再仔细了解一下这个案子吗？这属于特殊情况。
>
> 保险顾问写了一封很出色的申请信，非常坦率地陈述了这个家庭中长子的个人情况，这让我印象深刻。
>
> 考虑到中国的文化和这个家庭的情况，我们可以理解这位客户的诉求。请尽一切可能为年幼的次子考虑。而且这位客户有很高的收入，因此保费是他们能够负担的，申请的保额也非常合理。
>
> 鉴于这些想法，我当然没有任何反对的理由。
>
> 我倾向于让客户的次子获得这张保单。

末尾处，核保部副总裁又加了一句：

> 你何不扮演一次圣诞老人，在圣诞节前批准这

份保单,将它作为礼物送给这位保险顾问呢?(你可以在保单夹上打个蝴蝶结——如果你愿意的话。)

保单果真在圣诞节前几天送到了我的办公桌上,只是没有蝴蝶结。

我无法用言语表达我无比激动的心情。可以说这是我从事保险行业近30年里最引以为傲的一次申请经历,不仅因为我成功挑战了传统标准,让原本无法获批的保单最终获批,帮助客户实现了他传承家族财富的心愿,还因为我做了有效的沟通,使原本差异很大的中西方文化得到了很好的融合。

> 一个人如果没有被动收入，便终生没有财务自由；如果没有足够的被动收入，便终生没有彻底的财务自由。即使有再好的社会福利制度，你的财务自由也必须由你自己去争取。

第14章
改变人生

A先生，"40后"，在三年困难时期饿着肚子读完中学，1965年考入南开大学，大学毕业后分配到东北农村的中学任教，1978年考入中国社会科学院，成为第一届新闻系研究生，后进入人民日报社当记者，20世纪80年代末移民加拿大。

B先生，"60后"，幸运且不间断地完成了小学、中学的教育，考入大学学习药物学专业，毕业后进入中国国家级药企工作，后下海经商，带领药业公司发展上市，在事业如日中天时急流勇退，移民加拿大寻找新的发展机会。

C先生，"70后"，在中国发展最好的年代里接受良好而完整的教育，先在国营机构任职，而后下海创业，短短20年，成长为一名成功的企业家和金融家，积累了人生中的第一桶金，8年前移民加拿大接受新的挑战，同时把自己独特的"为民众创造幸福生活方式"的理念带到加拿大。在他的地产公司的网页上，是这样介绍的：他决定探索机会，在中国以外的地区推出他独特的"以客户为中心的公寓生活方式"的发展理念。所以他举家搬到加拿大，并且创立永信发展集团。几年后他便成为加拿大著名旅游胜地尼亚加拉大瀑布所在地区知名的高级公寓开发商。

2021年9月7日，夏秋交替，一个晴空万里、微风拂面的日子，上午11点，这三人聚在一起，神采飞扬地站在一栋高级公寓10楼的宽敞阳台上，指点江山、激扬文字。这栋坐落于市中心唯一的著名高尔夫球场入口处的高级公寓，正是C先生的杰作。

朝南望去，楼下的高尔夫球场连接着无边的森林，浓郁的绿色延伸至远方的美利坚合众国。朝东望去，加拿大著名的五大湖之一伊利湖尽收眼底。大瀑布昼夜不息的水流就是从伊利湖经尼亚加拉河奔腾流入安大略湖的。从这栋公寓出发，步行可至锦绣赌场和大瀑布观景台。

三人回到紧挨阳台的大客厅落座后，B先生便一个劲地称赞C先生的成功："在中国成功，是成功在自己熟悉的土地上和制度下;在海外成功,则是成功在自己陌生的土地上和制度下。前者是可喜可贺,后者却是可敬可佩!"

随后三人海阔天空地聊起来,从当下的社会生活,聊到东西方文化的差异,再聊到各个国家的政策……他们相谈甚欢。

午餐开始了。主人C先生特地请来当地著名的西厨进行现场烹制。冷菜是大虾配西瓜、羊乳酪、薄荷,还有芝麻菜沙拉,搭配南瓜干、蓝莓、柠檬、香醋,再淋上帕尔马干酪,热菜是黑椒牛肉里脊,配甜土豆、朱利安布鲁塞尔豆芽和蜂蜜伴柚,甜点是巧克力蛋糕配甜果酱。

可能在大多数中国人看来,这尽是一些互不相干且陌生的食材,拼凑在一起能吃吗?然而宾主一共10人,除了一个年轻的白人女孩外,其他9人都是中国人,不管是八十有余的老者,还是二十出头的年轻人,个个都吃得非常开心,所有食物都很快空了盘。厨师见状也很高兴,每上一道菜都会从厨房走出来,在餐桌前介绍一下这道菜的特色。

在这方面好像没有什么东西方文化差异呀。我边吃边想,联系到我心中一直以来的疑问:C先生在中国的成功经验被移植到加拿大后,为什么同样成功?我想,因为C先生找到了人类的一个共同点——追求幸福的生活方式。

B先生在中国也是一位非常成功的企业家。来到加拿大后，在寻找心灵宁静的同时，他积极缴税，参与慈善，探索葡萄园种植和酿酒这些全新的领域。有一次我问他，在加拿大最想做什么。

"参与建设养老院。"B先生不假思索地脱口而出。

"为什么？"我不解地问。

"因为许多老年人需要。"他明确地回答。

与这两位完全不同，A先生——也就是我，却是一位人寿保险顾问和理财专家。

如此不同的三个人，又是如何在异国他乡相识并走到一起的呢？

前文提及，我曾经在寒冷的圣诞节前夕，冒着大雪去敲一个陌生人的家门。我之所以做这件略显冒失的事，是因为我的朋友告诉我，这家主人是一位富有但非常和蔼可亲的人，他善待陌生的打工者，亲自为搬家工人买早餐。我敬仰他的为人，心中便涌现出想要结识他的强烈愿望。我冒昧敲门、他热情待我，一切是缘分，也是命运的安排。我们认识后，他不仅爽快地签单，成了我的人寿保险客户，还多次在他家人面前称赞我敬业。这个B先生就是我的客户兼朋友张先生。

而C——周先生，则是朋友引荐的。我们一见如故、相见恨晚，认识后便无话不谈，经常在一起讨论政治与社会问题。谈得最多的是加拿大的华人如何自律自强，如何用劳动赢得加拿大主流社会的尊重。我们的很多理念都很一致。我们在各自的专业领域里不断深耕，我佩服他的高智商、强大判断力和执行力，在地产项目上取得的一个又一个成功；而他则认为我是他遇到的把人寿保险讲得最简洁又清楚的寿险顾问。

那张先生和周先生又是如何认识的呢？有一天，张先生夫妇要来我的办公室重新梳理他们的家庭理财计划，我突然冒出一个念头（也许已萌生很久了）：应该引荐周先生给张先生认识。至于为什么，我也说不太清楚，只觉得他们二人身上有某种共同的品质，而那种品质正是我一生所信奉和追求的。当二人在我的办公室握手问候时，"我们好像在哪里见过！"两人不约而同地说道。原来他们二人的儿子都曾就读于多伦多大学附中，他们在孩子的家长会上打过照面。

我当场惊呼叫："这是天意也，绝非我个人意愿所能达成！"

当天张先生便盛情邀请周先生和我，携家人在即将到来的圣诞节前夕，来到张先生位于安大略省另一著名度假胜地蓝山附近的农庄共度平安夜。

三家人从此成为至交。

周先生在尼亚加拉大瀑布所在地区开发豪华公寓所取得的成功，使正在加拿大寻找新的发展机遇的张先生夫妇眼前为之一亮。

"谢谢洪先生引荐我们参加这次聚会！"席间张太太兴奋地对我说。

惺惺惜惺惺，英雄敬英雄，如此而已。

就在三家人聚会于周先生的公寓大楼的前一年，周先生危中寻机，逆市而上，在尼亚加拉瀑布附近金马蹄地区的重镇韦兰（Welland），精心打造了一个高级水景公寓项目，226套公寓于一周内售罄，再次创造了金马蹄地区公寓楼的销售奇迹。这个项目在老运河岸边，两岸绿树成荫，风景怡人。行人步道、自行车道、公共码头兼备，完美地将人间烟火与自然情趣融为一体，可谓天上人间。项目尚未公开上市就被VIP销售经纪们一抢而空，创下了226套公寓在一周之内全部签约的纪录。

2021年初，周先生又成功买下安大略省另一著名度假胜地穆苏科卡湖（Muskoka）区域将近200万平方米的建设用地，确定了一个宏大的十年开发计划。首期计划建设的41栋别墅，已有300人预订；4期计划建设的130套别墅也将在两年内建成。

在这段时间里，张先生的葡萄种植园与和葡萄酒酿制也找到了最优化的实施方案。他负责大部分项目的融资，吸收当地一批葡萄种植专家的少量资金，并且由他们管理经营，将中国移民的资金与当地居民的经验融为一体，实现了共同发展，在合作中融汇东西方文化。当地最著名的餐厅老板也成了张先生家的当家西厨，这个西厨还在张先生家学会了几道中国菜。

在周先生一路高歌前行时，我与张先生一家也在探索一个中国移民家庭在加拿大的财富管理最优模式，并最终实现了它。

前文提到，18年前，当我贸然拜访张先生家时，保险意识很强的他当下就安排了一份保险计划。后来的岁月里，他来回奔波于中加两地，也曾几次和张太太一起到我的办公室，了解他家的保险计划的最新情况，同时跟我聊聊天。只是我一直没有机会请他们一起用餐。两年前他结束中国的生意，长住加拿大。那年的圣诞节前夕，张先生终于给我薄面，携家人一起，与我和我的两位同事共进晚餐。

席间又谈起他家的理财计划。他觉得18年前的保险计划已不足以保障他的家庭，希望再加一份。

"洪先生，我应该再买多少？"张先生问我。

"你自己是怎么考虑的？"我笑着反问。

停顿一会儿，他转身问我："我太太现在有多少保额的保险？"

我把具体数字告诉了他。

"我应该比我太太多一些吧。"张先生自言自语。他深知自己在家庭中承担着最大的责任。这是一个有着强烈的家庭责任感的男人。一位成功的企业家也一定是一个百般呵护家庭的男人。每当我和张先生这样的客户在一起，便常常会想起电影《教父》，脑海中也总会浮现起一大串客户的名字，他们都和张先生一样，是有责任、有担当的好男人。

席间，张先生就决定了他所需要的人寿保险额度。

在选择保险产品时，发生了一个有趣的插曲：

张太太建议她的先生购买和她一样额度的保险产品。

"为什么？"张总问太太。

"这个产品的分红率挺高的。"张太太回答，"我每年缴××保费，第一年红利是××。"

"有这么高分红的金融产品？"张先生飞速地计算了一下，充满疑惑地问。

第二天，我便让助理把张太太保单中的首年分红全部兑成现金,汇到张太太家的账户里。原先是把红利存起来的方式,改成了当年取现金的方式。几天后张太太把用红利兑换的现金拿给先生看,张先生点头表示相信。在下一次我们见面的时候,我特意对张先生解释了这类保险计划红利较高的原因。

"洪先生,我还是不要每年拿红利了,还是存在保单的红利账户里吧。"张太太事后告诉我,"这几万元的红利,我一个礼拜就花光了。我还是留着等以后年纪大了再每年取些出来花吧。"

实际上,张太太那份高红利保单是张家家族在完成夫妻互保及家庭保障之后的第二阶段的财富规划,即退休养老保险。

"洪先生,保险公司除了保障产品之外,还有没有回报稳定的退休养老计划?"有一次张太太来我办公室取保险资料时,主动问我。对此我是有准备的。在完成家庭保障计划后,客户会更多考虑退休后的收入来源。

"有的,"我以肯定的口吻回答张太太。在此之前,我已经向有这方面需求的客户推荐过这类产品了,它就是永明人寿的一款高分红的产品。

"你打算从 65 岁开始,每年从这个保单中提取多少退休金,直到90岁?"我问张太太。她转动了一下乌黑的眼珠,略作思考,便说出了一个数字。五六分钟后,电脑便计算出她每年应缴的保费。

在征得张先生同意后,张太太的这个保险计划很快就确定了。不到10天,计划就顺利获批。这意味着这个家族完成了财富规划的第二个阶段。这款产品已经在公司运作了整整4年,预期红利的实现率已经超过了100%。按数据推测,张太太历年累积的红利加上红利的利息,到她90岁时,总数将是20年间所缴全部保费的2倍,也就是说,如果她所缴保费是100万加元,那么就会有200万红利。而且,前35年左右的红利是免税的,只有累积红利所产生的利息需要缴税。

这份保单完全符合张太太对退休收入的期待。而且,在她百年后,还会有一笔巨额保险金以完全免税的方式转给她的两个儿子,它的总额度是所有保费的1.16倍。

"即使没有这份保险,我太太也会有足够的钱安享退休生活的。"张先生笑着对我说。

"虽然是这样,但是太太有自己的退休金收入,会更开心些。"我开玩笑地说,"我们都是好男人,应该允许自己的女人有点私房钱。"

张先生笑而不语，同意选择与太太一样的产品。

随后我与张先生夫妇又接着讨论起他们家庭财富管理的第三阶段——遗产传承计划。

在这个保险计划的申请过程中，张先生与我认真地讨论起如何安排家庭遗产这一严肃的问题。

"孩子将来会超越我们，不一定需要留太多遗产给他们。"这是张先生的财富传承观。

"是的，长江后浪推前浪，你们的两个儿子都非常优秀，可能会超过父母。"我赞同张先生的前半句，但对后半句则保留了意见，"我们留大额遗产给子女，不仅仅因为疼爱他们，更因为要赋予他们重任，要他们成年以后用父母留下的大额遗产去创业，为社会提供更多的劳动岗位，向政府缴更多的税，还可以拿出一部分财产去做慈善，救济那些需要帮助的人。不仅如此，你们的子女因为有了这笔遗产，还可以让他们的孩子接受最好的教育，使得张家人才辈出，确保财富能一代一代地传承下去，并且发展成一直兴旺的大家族。对高资产者来说，更为重要的任务是传承！"

我多次与张先生夫妇分享犹太民族的财富传承观，几乎所有的犹太家族都会采用这种方法，它简单且有效：从某一代人开始，就会用一部分收入（比如100万加元）去购买一份终身人寿保险,当这代人去世后,下一代就会获得大约200万加元的赔偿金。他们的家规是,下一代最多只能用一半理赔金即100万加元去生活和创业,另外100万加元必须用以购买一份终身人寿保险,保额可能是200万加元,那么他们去世后第三代获得的理赔金则可能达到三四百万加元。第三代也要依家规行事,拿出一半理赔金去购买一份更大保额的终身保险……以此类推。这种家庭保障与财富传承的方式是只有一次成本(即第一代所缴的保费,也许只有二三十万加元),可它的作用却是巨大的,每一代人都能够获得巨额的资金用于生活和创业。即使某一代人败落,甚至遭遇破产,也能用大额理赔金自救,还有机会东山再起。这与中国古代智慧"前人种树后人乘凉"有着异曲同工之妙!

几次沟通交流后,我与张先生在这方面达成了基本的共识。

我在前文中几次提到,人寿保险计划是用金钱也不一定能买到的东西。除了客户会因身体条件不符合承保标准而被拒保之外,保单的额度也是有限制的,并不是客户想买多大保额都可以的。简单地说,保额要与客户的年收入或家庭财产相匹配。

因此张先生所选择的保额,也是基于他所提供的报税资料，以及家庭各类资产总额的证明。

张先生夫妇努力奋斗几十年，彻底改变了张家的命运，也改变了他们自己的人生。而我帮助他们制订的一整套家庭财富规划，将在未来的岁月里，在他们的子孙后代为改变人生而奋斗的过程中，发挥特别的作用。

"洪先生，我以后就在加拿大定居了，我们可以一起讨论如何在这里做些事情了。"有次在为张先生家整理全面财富规划时，他高兴地对我说。

"好啊！"我也很开心，并且对此抱有很高的期待。我接着说："在下一步的投资中我们需要明确的是，决定资产增值的主要因素有：一、稳定的年回报率，而不是起伏不定的投资表现；二、回报具备缓税复利的功能，而不是当年缴税；三、最终的结果要完全免税；四、把生命的不确定性转化为资产的确定性，比如每年缴10万加元保费即可锁定300万加元的保额。"

我的这个投资理念得到了张先生的认可，也在规划张家家族资产传承中起到了指导性作用。

法国经济学家托马斯·皮凯蒂（Thomas Piketty）所著《21世纪资本论》（*Capital in the Twenty-First Century*）中阐述了一个重要观点：在现今社会里，资本的收益率已经超过了

GDP和工资的增长率。用句残酷的话说就是：一个人如果没有被动收入，便终生没有财务自由；如果没有足够的被动收入，便终生没有彻底的财务自由。即使有再好的社会福利制度，你的财务自由也必须由你自己去争取。

在完成整个家族的财富规划，并使已经累积的财富不断创造被动收入后，张先生便集中精力投入葡萄园种植及葡萄酒酿制的新领域。

每时每刻，这个世界都在发生着变化，人们的生活方式也不断改变。但是无论多么艰难困苦，人类都要生存，社会都会进步。

我们三个人，也都在改变着自己的人生，只是方式不同而已。

周先生在地产领域里高歌猛进，不断完成一个又一个项目。就在我下笔的此刻，2021年9月23日，周先生的第二个高级公寓项目破土动工！

张先生圆满地完成了家族资产保护和遗产传承规划后，热情地投入了新的事业：葡萄园、酿酒厂、种马场，也许未来还有养老院，以及他那天在十层阳台上说的"如果有可能，我想拿出一笔资金成立一个研究小组，专门研究中华传统文化"。

而我，即使在新冠疫情肆虐的时期，也没有浪费难得的清闲，不但公司业绩超过疫情前，而且用一年的业余时间完成了拙著《改变人生》的写作。

如此不同的三个人，年龄不同、行业不同，却在茫茫人海中走到了一起。

这是因为——作为男人，我们都有保护家庭的强烈的责任心；作为公民，我们都在拼命工作、努力奉献，为社会贡献自己所能；在精神层面，我们都有着忧国忧民的情怀。

> 我退休后谁来服务我的客户？人寿保险是长期的，甚至是几代人的事情，只要人类在不断延续，保单就永远不会间断。所以，"签不完的保单"背后还有更重要的一句：无休止的客服。

第15章
服务永无止境

又一次看到了大瀑布从天而降的壮观景象，不过这次不是近观，而是俯瞰。我坐在18楼的落地玻璃窗前的沙发上，一边品尝着星巴克咖啡，一边望向下方，从另一个角度、以另一种心情欣赏这个世界奇观。

在结束与张先生、周先生的聚餐后，我没有即刻返回多伦多，而是在大瀑布附近留宿了一晚。我想重游大瀑布，想从另一个角度欣赏它。熟悉尼亚加拉大瀑布附近环境的周先生告诉我，一定要选择万豪酒店的水景房，这是所有酒店中观赏大瀑布角度最好的位置。

果不其然，透过酒店房间的玻璃窗俯瞰，壮观的大瀑布尽收眼底。远方宽阔的尼亚加拉河上游水流湍急，波涛汹涌，似乎永无止境。我不由地想起了十几年前带领团队来此游览时说过的一句话：流不尽的瀑布，签不完的保单。自那天之后我又签了上千份保单，我的团队伙伴也大多成了全球百万圆桌成员，而瀑布依然在无休止地奔泻而下。

我还想起了三年前做的一件事——成立保险客户服务中心。

为什么要做这件事？

因为在我不断签单、业绩不断提升的喜悦背后，我隐隐感到担忧：我退休后谁来服务我的客户？人寿保险是长期的，甚至是几代人的事情，只要人类在不断延续，保单就永远不会间断。大多数客户比我年轻，还有很多儿童单。只要客户还在，服务就不能中断。所以，"签不完的保单"背后还有更重要的一句：无休止的客服。

加拿大人寿保险公司的传统做法是：一个保险经纪人退休后，有三种选择：一、从自己的子女中选择一个接班人；二、把客户转给其他保险经纪人；三、交由保险公司另外指定保险经纪人继续服务。

我之所以另辟蹊径，投资一笔钱成立客户服务中心，是因为这样做能够保证我的客户享有长期的、高质量的服务。

而且，由于我的服务中心是股份制的，如同永明人寿保险公司，有可能几十年、几百年地存续下去，可以由一代接一代的人签单，进行一茬接一茬的服务，如同大瀑布之水，永不停息地奔流。

"洪先生，你成立了客户服务中心，我们就放心在你这里加保了。"

"老洪，我非常幸运遇到你这么负责任的顾问！"

客户的这些发自肺腑的声音是对我们服务中心最大的肯定与鼓舞。

已经有好几个客户，把自己全家的保单都转到我的服务中心来，甚至那些保单原本是由其他保险经纪人签的。他们说："洪先生，虽然你要退休了，但是你几十年来一直为我们提供优质的服务，这是很好的体验，也让我们对你的服务中心有足够的信心！"

服务中心成立后，业务一直持续发展。不少客户毫不犹疑地签下千万大单，长者也乐意把孙辈的保险计划交给我们来做。他们相信我们的客户服务中心会与保险公司一样长久生存发展，他们也不用再为保单的后续服务担忧了。

2021年10月初，在我即将为本书画上最后的句号时，我的客户沈先生夫妇来到我的办公室，重新梳理他家的几张保单。他们10年前以投资的方式移民加拿大，很快就成了我的客户。他们不是"创一代"，而是所谓的"富二代"。但非常可贵的是，他们身上毫无浮华、骄矜的习气。我们相处的10年间，他们时时处处礼貌可亲，言谈举止得体大方。后来我知道，他们继承家族产业，通过十几年的努力，把企业发展壮大，他们也已成为合格的掌门人。沈先生夫妇每次来多伦多都会到我的办公室与我聊天。我回国时也应邀去拜访过他们的企业，见过他们的父亲——一位与我同龄的稳重成熟的老企业家。从年龄上看，我与沈先生夫妇是两代人，但我们彼此欣赏，几乎没有代沟，经常在一起探讨人生、共议商机，常常一聊就是一两个小时。

沈先生夫妇对保险保障计划与资产保护策略都十分认同，10年前初次见面时就愉快地签了保单，后来随着家庭财富的不断积累他们还多次增加保额。这次他们来我的新办公室，主要是想看看我的客户服务中心是如何运作的。宽敞明亮的办公室、高质量服务的中心系统、专业诚信的合作伙伴，都给他们留下了深刻的印象。

在重新检视沈先生夫妇的现有保单后，我们的话题自然而然地转到了未来的规划上。

"洪先生，请在你退休前再给我们一些家庭财务规划的建议吧。"沈先生沈太太几乎异口同声地对我说。

"根据几十年的专业经验，我建议你们考虑家庭财务规划的第三步。"我答道，接着做了如下分析，"从目前已经生效的 5 张保单来看，你们已经初步完成了家庭保障的第一步，不管哪一方有意外发生，都可以为另一方及整个家庭提供良好的保障；而家庭财务规划的第二步，即养老退休计划你们也完成了，通过投资互惠基金，多年来一直在获得比较稳定合理的回报；那么下一步，也就是第三步，就应该考虑遗产计划了。"

"遗产计划是什么？"夫妇二人同时问道。

"你们拥有的互惠基金和几处物业，目前已经出现相当数量的资本增值，在未来的几十年中，随着你们更多的投资及更多的回报，资本增值将会是数以百万计的金额。在你们二人故去后，税务局会要求你们的子女必须先用现金付清这笔资本增值税，才能合法继承父母的资产。但是那时候，你们的子女很可能手头没有几百万的现金。那么为了完成资产转移的法律手续，他们不得不出售名下的物业或其他投资产品，这样做不仅会造成低价出售，也可能需要相当长时间才能兑现。"

"那应该怎么办？"沈先生夫妇又问。

"用保险公司的一种产品——联名保险,便可以解决这个问题。"我提出了明确的产品建议,"这种夫妻联名保险是二人都去世后才能获得理赔金的,子女作为受益人,能很快拿到这笔钱用于缴纳资本增值税。而且这款产品的年缴保费比夫妻二人分别购买大约便宜20%。"

经过几天的考虑,沈先生夫妇接受了我的意见,申请了一份联名保险。他们说:"有了客户服务中心,我们可以放心地把家庭财务规划一直做下去,等我们的龙凤胎儿女从中国来到加拿大,也会到这里申请子女教育基金和儿童人寿保险。"

2018年夏天,我有幸得到有着共同服务理念的约瑟夫·林先生和吕珊女士的支持,我们共同成立了客户服务中心。以下是他们讲述自己加入服务中心的故事。

约瑟夫·林的讲述:

承蒙洪天国先生抬爱,邀请我和吕珊一起创办遗产服务公司(Legacy Services Centre Inc.)。这是一家有使命、有理念并愿意承诺永续提供客户服务的公司。客户的一份信任对我们而言是"一张单,一世情"。保险规划与财富传承是一个长期的,甚至世代传承永不间断的服务!但是,任何一个从事保险行业的专业顾问都不可能无限期地服务下去。这件事成了洪先生心中挥之不去的忧虑。

我在保险行业已经工作了 31 年,其中有 28 年是在全球排名前十的外资保险公司任职。我曾向洪先生提及,在国际上,保险密度、人均年保费支出和保险渗透度①名列前茅的保险公司,都有专门接手孤儿保单的客户服务中心来进行售后服务,这些服务包括:提醒客户按时缴纳保费、更改个人信息、解释保单的相关问题、如何利用保单中的现金价值,以及保单最终的理赔手续,等等。目前加拿大的保险公司并无此种独立的服务渠道,只有普通的客户服务中心,而且大都只用英语和法语进行交流。我非常认同洪先生对客户负责任的服务理念,故欣然接受邀请,于 2018 年与洪先生共同成立遗产服务公司。我们三人均不从该中心领取任何报酬,只有签下新的保单才能有相应的佣金收入,而且每一张保单的佣金将有一半归服务中心所有,用以维持服务中心的办公室租金及人员、杂项开支。

服务中心的宗旨是:为客户提供"管家式"保单管理服务,由保险行业经验丰富的顶级经纪人、投资专家、税务律师及资深会计师组成服务团队,代理保险、投资、信托与财富传承规划、子女教育基金等多种受市场欢迎的金融产品,为客户提供最周全的保险、投资理财及家族企业的传承规划服务。遗产服务公

---

① 保险渗透度(Insurance Penetration),指保险费占 GDP 的比率。

司不仅服务于洪先生现有的逾千名客户，也乐意收购不再从事保险业的经纪人的生意，更愿意接受市场上其他孤儿保单的后续服务，为保险客户略尽我们的绵薄之力。

有幸结识洪先生十载，并参与延续保险服务的事业中，以尽到照顾家人的责任。遗产服务公司已经在加拿大保险业的历史上写下华人保险事业的新篇章！

吕珊的讲述：

我是一名普通的保险从业人员，有幸接受洪天国先生的邀请，与林先生一起在两年前创建遗产服务公司。

如果问我当时加入这家公司的初衷，我只有一个简单的想法：客户需要终生持久的服务，而仅靠一个保险经纪人是无法完成这种神圣使命的。

我于2004年加入保险行业。自入行开始，我在每年年终不是统计自己的销售额有多少、自己赚了多少钱，而是今年又帮助客户累积了多少资产。

秉承"为客户着想，用心做事"的原则，我得到了客户的认可和信任，从而签下数以千计的保单，未来将会有数亿元的保险金陆续赔付给客户。每每想到这些，我就觉得自己身上有一副重担，担心有一天不能延续客户的托付。

洪先生有着视客户利益如同自己生命的使命感，也有突破常规的远见与胆识，力求把客户服务永续下去。

共同的理想把我们凝聚在一起。

我在服务中心运营的过程中也碰到过许多困难,有时也有退缩的念头,最终是客户的极度满意与赞扬,给了我坚持走下去的决心和信心。每当与客户谈起我们所做的一切时,客户眼中流露出的莫大的喜悦和信任,都给了我坚持的力量。不少客户也在以实际行动支持我的工作。

两年多来,通过我们的努力,服务中心已经建立了一个可靠且专业的阶梯式团队,不会中断客户的服务。而且我们的服务是高质、高效、有温度的,未来我们一定会沿着这个方向继续走下去。

与洪先生一起工作,我更深刻地感受到"做人在前,做事在后"的道理。对于客户需要解决的问题,我总是在第一时间回应,并且尽快处理,真正做到永远把客户利益放在第一位。

"一份传承,一代基业,有序服务,永不间断。"这是遗产服务公司的理念,更是我们对客户永远的承诺。

我和客户们的故事写完了,但客户服务中心与客户的故事才刚刚开始,那将会是一个很长很长的故事。

我并不想永远告别我的客户。我依然经常去办公室或其他合适的场所与他们叙旧,重新检视已经生效的保单,时不时还会为客户们制订新的计划。

我不知道也不去想什么时候是我与客户永别的日子。

我只知道,前几天,一位身在中国的客户,企业家吕先生,给我发了一条信息,全文只引用了徐志摩的一首诗——《认识你真好》。

> 一个人真正的魅力,不是你给对方留下的第一印象;
> 而是对方认识你多年之后,仍喜欢和你在一起。
> 也不是你瞬间吸引了对方的目光;
> 而是对方熟悉你之后,依然欣赏你。
> 更不是初次见面后,就有相见恨晚的感觉;
> 而是历尽沧桑后,由衷倾诉说:认识你真好!
> 认识你真好,虽然你不在我身旁,却一直在我心间。
> 有一种目光不远不近,却一直守望;
> 有一种朋友不惊不扰,却一直陪同;
> ……
> 认识你真好,这么多年后,我一回头,你还在。
> 我喜欢那么一种友情:不是那么多,不是那么浓烈,不是那么甘甜,也不是那么时时刻刻,甚至

有时候会用年、十年、半个世纪去给它计时，它是那么少，那么真，那么久长。

……

所以，人与人之间的相遇靠缘分，心与心相知靠真诚；

人生若有二三好友，无话不谈，不离不弃，可谓幸运……

念完这首诗，我仿佛觉得，这不是吕总一个人，而是我所有的客户，在知道我即将退休并成立客户服务中心后，送给我的千百个日日夜夜里最温暖的一段话。

2021 年 10 月 完稿于多伦多
2023 年 10 月 定稿于多伦多